T0157267

Printed in the United States
By Bookmasters

﴿قُلْ لَوْ كَانَ الْبَحْرُ مِدَاداً لِكَلِمَاتِ رَبِّي لَنَفِدَ الْبَحْرُ قَبْلَ أَنْ تَنْفَدَ كَلِمَاتُ رَبِّي وَلَوْ جِئْنَا بِمِثْلِهِ مَدَداً﴾

(الكهف:109)

مقدمة في

تحليل وتصميم نظم المعلومات

مقدمة في

تحليل وتصميم نظم المعلومات

د. ايمن الشنطي

عصام النداف

عامر شقر

الطبعة الأولى

2012 م / 1433 هـ

دار البداية ناشرون وموزعون

المملكة الأردنية الهاشمية
رقم الإيداع لدى دائرة المكتبة الوطنية (2010/1/226)

658.403
شقر ، عامر عبدالله
مقدمة في تحليل وتصميم نظم المعلومات الادارية / عامر عبد الله شقر
_ عمان: دار البداية ناشرون وموزعون ،2010.
( ) ص.
ر.أ: (2010 / 1 / 226)
الواصفات: / نظم المعلومات الادارية // ادارة الاعمال /

* إعدادت دائرة المكتبة الوطنية بيانات الفهرسة والتصنيف الأولية
*يتحمل المؤلف كامل المسؤولية القانونية عن محتوى مصنفه ولا يعبر هذا المصنف عن راي دائرة المكتبة الوطنية او أي جهة حكومية اخرى .

الطبعة الأولى

2012 م / 1433 هـ

دار البداية ناشرون وموزعون
عمان - وسط البلد
هاتف: 4640679 6 962+ تلفاكس: 4640597 6 962+
ص.ب 510336 عمان 11151 الأردن
Info.daralbedayah@yahoo.com
مختصون بإنتاج الكتاب الجامعي
ISBN: 978-9957-82-049-7 (ردمك)

الإهداء

إلى كل الصامدين
- في أكناف الأقصى الشريف .
- وفي كنيسة القيامة المقدّسة .

المقدمة:

الحمد لله رب العالمين، والصــلاة والسلام على ســيدنا محمد صلى الـله علية وسلم وبعد.

يحتوي هذا الكتاب على مفاهيم النظم وتحليل النظم الهيكلي وأدوات وتصـميم النظم وطرق تحليل والتصميم النظم ويهدف الكتاب أن يتفهم القارئ مفاهيمـه الـنظم المختلفة ويتعرف على مفهوم والتحليل ومن هو محلل النظام وعلاقتـه بأقسـام المؤسسـة والمنهجية ويعتمد الـنظم الإدارية والتقنيـات المسـتخدمة في التحليـل والتصـميم وتمكين القارئ من تشخيص المشاكل وتحديد المعلومات الضرورية للتحليل وطرق الجمع لهذه المعلومات وإيجاد الحلول البديلة وتقيمها واتخاذ القرار بشأنها والفوائد في توثيق النظام وطرق التوثيق والتعرف على طرق اختبار وتقييم وكي يخـدم القـارئ مـن تصـميم نظـام أداري مبسط ومعرفة العناصر المؤثرة على التصميم والمراحل الضرورية للتنفيذ.

ونسأل الـله العلي القدير أن نكون قد وفقنا لتزويد المكتبة العربية بهذا الكتاب والاستفادة من معلوماته.

و الـله ولي التوفيق

المؤلفين

الوحدة الأولى

النظم

النظم

أولاً: تعريف النظم:

هو مجموعة منتظمة من الأجزاء أو الأنظمة الفرعية المترابطة والمتفاعلة فيما بينها لأداء أنشطة لتحقيق أهداف محددة.

نظرية النظم:

هي محاولة لتكوين إطار شمولي لدراسة أي ظاهرة بهدف الكشف عن تكامل العناصر مع بعضها البعض أي أن هذه النظرية هي عبارة عن منهجية يمكن من خلالها معرفة طبيعة العلاقات والترابط بين العناصر والأجزاء المكونة للظاهرة المدرسية أما عن تطبيق نظرية النظم العامة في مجال الإدارة تعتبر تكتيك وأساس نظري لكثير من مفاهيم وتطبيقات مثل المعلوماتية وبالأخص تحليل وتصميم نظم المعلومات وبناء النظم بشكل عام يجب توفر ثلاث عناصر أساسية في تعريف النظم.

1. تصميم النظام لتحقيق هدف محدد.

2. وجود أجزاء أو عناصر للنظام تنظم بترتيب معين.

3. وجود علاقات اعتمادية تفاعلية بين أجزاء النظام.

ثانياً: المبادئ الأساسية لنظرية النظم:

1. النظام.

2. الاتساق: بمعنى أن النظام المتعدد الفروع يتصف بأنه مرتب ومنسق لتنفيذ نوع معين من الوظائف التي يؤديها لتحقيق هدف محدد.

3. الكلية: أي أن النظام كل متكامل من الأنظمة بمعنى أن النظام المكوّن من عدة فروع هي متكاملة ومترابطة مع بعضها حيث أن كل جزء يعتمد على الجزء الآخر.

4. الوظيفة: بمعنى أن هناك وظيفة لكل نظام وسبب لوجوده يجب أن يؤديها لتحقيق الهدف المحدد.

5. الانتظامية والتكامل: أي أن النظام هو حصيلة تفاعل العناصر والمكونات مع بعضها ضمن هيكل شمولي منتظم وبالتالي النظام هو ليس مجموع أجزاءه إنما له كينونة خاصة به .

6. النظم الفرعية: كل نظام يتكون من نظامين فرعيين أو أكثر وكلما زاد عدد النظام الفرعية كلما زاد تعقيد النظام وكلما زاد تعقيد تحليله وتصميمه لأنه يتطلب تطوير تحليل منهجي لمكوناته ذات العلاقة البينية المشتركة.
7. المدخلات والعمليات والمخرجات:

- المدخلات: هي كل ما يدخل إلى النظام من عناصر ومواد وطاقة سواء كان مصدرها داخلي أم خارجي.
- العمليات: وهي أنشطة وظيفية وغير وظيفية تحول المدخلات إلى مخرجات.
- المخرجات: هو كل ما ينتج عن العمليات الجارية على المدخلات وهذه المخرجات قد تكون تقارير أو وثائق سلع وخدمات .

8. التغذية العكسية: هي عملية تصحيح الانحرافات وهي رقابة ذاتية يقوم بها النظام للتأكد من فعاليته في أداء أهداف والهدف من التغذية العكسية تصغير الفجوة بين ما يجب أن يكون وما هو كائن.

9. حدود النظام: كل نظام يعمل داخل حدود معينة تفصله عن المحيط الخارجي أو عن البيئة الخارجية وهذه الحدود قد تكون ملموسة أو غير ملموسة وهذا المفهوم مهم جداً من تحليل وتصميم النظام من كافة مراحله وأنشطته كون الحدود تساعد في تحديد ما هو داخل النظام وما هو خارجه.

10. الوسط البيني: وهو المجال الافتراضي الموجود بين حدود النظام الرئيسية والفرعية وهو الوسط الذي يتم فيه نقل المخرجات من نظام المدخلات من نظام آخر.

11. الهرمية: ترتبط النظام بعلاقات هرمية فيما بينها أي أن كل نظام هو جزء من نظام أكبر والنظام الأكبر هو نظام فرعي لنظام متكامل.

ثالثاً: مستويات النظام:

قدّم بولدنج نموذج لتطوير علاقات النظام ومستويات تشكلها وظهورها من الواقع وهذا النموذج يمثل هرم قاعدته أبسط أنواع النظم

والأقل تعقيد ثم يرتقي لمستويات أعلى وأكثر تعقيد حتى ينتهي بمستوى النظم غير المعروفة حتى الآن.

1. أبسط أنواع النظم هي الإطارات التي تتكامل بها الأجزاء وتمثل الحالة الساكنة.
2. نظم عمل الساعة وهو عمل ميكانيكي محدد مسبقاً.
3. نظم السيطرة الميكانيكية والتحكم الذاتي مثل عمل الثيرموستات.
4. يمثل أبسط أنواع النظم الحية وهي الخلية وهي نظام حي مفتوح قادر على حفظ نفسه يتبادل المدخلات والمخرجات مع المحيط الخارجي.
5. المستوى المتقدم الذي يلي مستوى نظم الخلية مثل عملية تكامل الخلايا الحية مع بعضها لتشكيل النظم الجينية مثل النبات.
6. مستوى المنظومات الحية الأكثر تعقيداً أو ذكاء وهي نظم الحيوان ونظم الإنسان.

7. التنظيمات الاجتماعية الاقتصادية التي أوجدها الإنسان ومنها مـنظمات الأعمـال ونظم المعلومات.

8. ينتهي الهرم بمستوى غير معروف من النظم وهي نظم في طور الولادة أو الاكتشاف.

ماذا يقدم نموذج بولدنج؟

1. يصف تراكب وهرمية النظم.

2. هو أداة تحليل منهجي لشرح وتفسير علاقات النظم مع بعضها ومكونات وعلاقات النظام نفسه في الداخل وذلك بهدف تحديد اتجاهات عمل ممكنة للنظم مع بعضها البعض أو بمفردها من سياق الجهد المبذول للوصول إلى أهداف محددة.

3. أن نموذج بولدنج عبارة عن نظرة منهجية ضرورية لمحلل النظم لأن عملية تحليل وتصميم النظم هي عبارة عن مجموعة من الأنشطة التفكيكية والتركيبية لنظم تصف ظاهرة ما من أجل

برمجتها حاسوبيا وفي الإطار عمل منظومة معلوماتية مساندة لها.

4. نموذج بولدنج يفسر ظاهرة البساطة والتعقيد من النظم ففي نموذجه تتصف بعض النظم بالبساطة وأخرى تتصف بالتعقيد النسبي والتعقيد الكامل.

النظم البسيطة تتكون من نظامين فرعيين على الأقل وتتصف بعلاقات واضحة ومحددة بين النظم بينما تتصف النظم المعقدة بعدد كبير من النظم الفرعية التي تتفرع هي الأخرى إلى نظم فرعية جزئية بحيث تكون العلاقات فيما بينها علاقات متشابكة ومتفاعلة وبالتالي يقع على عاتق محلل النظم تفكيك النظام الحالي قبل البدء بتركيب وتصميم النظام الجديد أو تطوير النظام الحالي من أجل تبسيط وتجزئة عناصره والكشف عن طريق تركيبه وهذا هو المنهج العلمي الصحيح لتحليل وتصميم النظم.

رابعاً: مراحل تطور نظم المعلومات:

التطور في حقل نظم المعلومات المحوسبة هو تطور متسارع نتيجة التسارع في أنظمة الحاسوب ذات الفترات المتطورة باستمرار ففي الخمسينات والستينات نظم المعلومات الحاسوبية كانت لمعالجة وتشغيل البيانات بسبب محدودية تطبيقات الحاسوب وتكاليفه العالية واقتصاد الكمبيوتر كان ولازال غير معرّف أي كان هناك عدد قليل من الخبراء والمبرمجين.

في أواخر الستينات ظهرت نظم التركيز على المعلومات ونظم المعلومات الإدارية والتي ظهرت لزيادة تحسين الأداء الإداري.

في السبعينات أصبحت نظم المعلومات الإدارية أداة لتحسين الإنتاج وتطوير النوعية ورفع مستوى الأداء الإداري من تخطيط وتنظيم علاقاته واتخاذ قرار وتحقيق الميزة التناقضية.

في الثمانيات ثم ظهرت بعد ذلك نظم دعم القرارات لدعم المدراء في اتخاذ دعم القرارات شبه الهيكلية وغير الهيكلية.

ونظم دعم القرارات الجماعية باعتبارها نظم معلومات مصممة لمعالجة القرارات الجماعية التي يتخذها فريق الإدارة لحل مشكلة شبه هيكلية أو غير الهيكلية بمعنى دراسة عناصر المشكلة وأسبابها ووضع الحلول البديلة لها.

ثم حدث انتقال نوعي من نقطة التركيز على المعلومات أو القرارات إلى التركيز على الذكاء و المعرفة.

وهذا أدى إلى ظهور نظم قواعد معرفة ترتبط بالذكاء الاصطناعي وفي مقدمتها النظم الخبيرة والشبكات العصبية الذكية التي تستند على منطق غير خوارزمي في حل المشكلات وتقديم الحلول في النصف الأخير من التسعينات ونهاية الألفية الثانية ظهر التكامل بين نظم المعلومات نتيجة للتطورات النوعية والفريدة في الحاسوب والبرمجيات وهندسة المعرفة وثورة الاتصالات مما أدى إلى تحقيق الاندماج بين نظم دعم القرار الفردي ونظم دعم القرار الجماعي ونظم المعلومات الإدارية والنظم المنبثقة عن الذكاء الاصطناعي كما ظهر

التصغير في الحجم وزيادة سعة الذاكرة وسرعة المعالجة كل ذلك أثر في مراحل تطور نظم المعلومات واعتمادها على قواعد البيانات الموزعة وقواعد المعرفة.

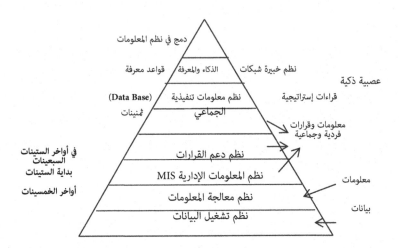

خامساً: نظم المعلومات ومستويات التنظيم:

هنالك عدة مستويات إدارية تمارس أنشطة إدارية مختلفة وبالتالي لا يستطيع نظام المعلومات الواحد مهما كان متطور أن يخدم كافة المستويات.

تتشكل بنية التنظيم من أربع مستويات:

1. المستوى الاستراتيجي ← الإدارة العليا.
2. المستوى التكتيكي ← مستوى الإدارة أو الإدارة الوسطى.
3. المستوى العمل المعرفي ← العاملين في معالجة البيانات والمعلومات .
4. المستوى العملياتي ← المستوى الفني أو التشغيلي.

كل مستوى له نظام معلومات خاص به وبالتالي نظم المعلومات الإدارية تعمل كنسيج متكامل مع بنية التنظيم بهدف تلبية احتياجات المستويات الإدارية من المعلومات المختلفة في النوع والكم وحسب طبيعة ونوع الإدارة.

1. أما بالنسبة للمستوى الاستراتيجي فهو يقوم بمهام صياغة وتطبيق الاستراتيجية مما يتطلب منه تحليل لنقاط القوة والضعف من البيئة الداخلية وتحليل الفرص والتهديدات من البيئة الخارجية إضافة إلى تحليل هيكل المنافسة حتى بالنهاية

تختار استراتيجية تحقق الميزة التنافسية وهنا هذه الإدارة الاستراتيجية بحاجة إلى نظم معلومات تنفيذية توفر لها تلك المعلومات عن البيئة الخارجية والبيئة الداخلية وتستخدم أيضا نظم ذات توجه داخلي وهي نظم المعلومات الإدارية وبالتالي تسعى نظم المعلومات التنفيذية والاستراتيجية إلى دعم الإدارة العليا في صياغة وتطبيق استراتيجياتها وإذا كانت المنظمة ذات أعمال دولية فهي بحاجة إلى نظم معلومات دولية تختص بأنشطة الإدارة الدولية.

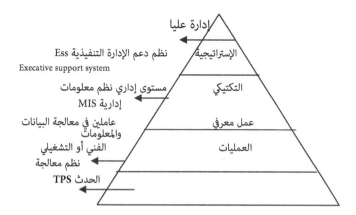

2. المستوى التكتيكي ومن وظائفه الانتاج والتسويق والتمويل والحركة والنقل والموارد البشرية وبالتالي يحتاج هذا المستوى إلى

وجود نظم معلومات من خلال إدارة قواعد البيانات والمعلومات وتحقيق تكامل في المعلومات الإدارية ذات العلاقة بالوظائف المختلفة وبنفس الوقت تقدم ملخّص عن نتائج أعمال الإدارة الاستراتيجية لمساعدتها في اتخاذ قراراتها الهيكلية وغير الهيكلية.

3. نظم المعلومات الإدارية تستفيد من العاملين في مجال معالجة البيانات والمعلومات وفي مجال انتاج المعرفة حيث أن هؤلاء الموظفين هم حلقة الوصل بين الإدارة الوظيفية والإدارة العملياتية التي تحتاج إلى نظم معالجة الحدث والتي تعتبر مصدر للمدخلات لنظم المعلومات ونظم معالجة الحدث تقدم معلومات عن الوقائع والأحداث فور وقوعها وهي نظم تعالج البيانات الكترونيا بحيث تجهز معلومات للإدارة التشغيلية والتي يحتاجها بصورة يومية وبنفس الوقت تمد نظم المعلومات الإدارية بمعلومات عن الأحداث اليومية لتساعد الإدارة الوظيفية في أداء العمل واتخاذ إدارتها.

● **استنتاج:**

نستنتج أن نظم المعلومات الأخرى تعمل كنسيج متكامل مع البيئة النظيفة لتلبية احتياجات المستويات الإدارية المختلفة من المعلومات التي تختلف باختلاف طبيعة ونوع الإدارة ومستواها في التنظيم.

الوحدة الثانية
تحليل وتصميم
النظم

تحليل وتصميم النظم

1. مفهوم تحليل وتصميم النظم.
2. أدوار محلل النظم.
3. العلاقة بين نظرية النظم وتحليل وتصميم النظم.
4. أساليب تصميم نظم المعلومات.
5. العوامل المؤثرة في عملية تحليل وتصميم النظام.

أولاً مفهوم تحليل وتصميم النظم:

● تحليل النظم هو تفكيك وتجزيء النظام إلى أجزاء ومكونات فرعية بهدف دراسة هذه الأجزاء واختبارها وتشخيص عباراتها مما يساعد في تحديد طبيعتها ووظيفتها ودورها في سياق عمل النظام وبالتالي يهدف تحليل النظام إلى دراسة ظاهرة ما كما هي الواقع العملي يهدف التعرف على المشكلات التي تواجه هذه الظاهرة وحلّها وإيجاد بدائل لها قبل البدء بعملية التصميم وبالتالي فإن نتائج عملية التحليل هي مدخلات لعملية التصميم.

- عملية التصميم هي عملية تركيب وتشكيل الأجزاء والمكونات الفرعية في كل متكامل وبطريقة تؤدي إلى تحقيق الأهداف المشتركة للنظام وبالتالي فإن عملية التصميم تشمل كافة الإجراءات العملية لبناء وتشكيل النظام لمواصفات ووظائف محددة وباستخدام الأساليب والنماذج الفنية والضرورية للنظام والأشكال مواصفاته الطبيعية والمنطقية.

العلاقة مهمة بين تحليل وتصميم النظم حيث أن تحليل النظام هو عملية مهمة للنظام ومكوناته والتصميم هو بناء للحلول ونمذجة للنظام وتحديد طريقة عمله ومن هنا نستنتج بأنه لا يوجد نموذج نظري معياري واحد لتنفيذ وإدارة عملية تحليل وتصميم النظم بهدف تقديم حلول عملية في ظل القيود والمتغيرات البيئية وغير البيئية وهناك العديد من المداخل المختلفة لتحليل وتصميم النظم والتي تعتبر غير مناسبة لكافة المنظمات وكافة البيئات وهذا بسبب اختلاف حجم ورأس المال ونوع نشاط الأعمال لكل منظمة وكلما ازدادت الأعمال تعقيداً كلما زاد

تعقيد عملية تحليل وتصميم النظم لتحقيق الرضا التام للمستفيد من هذه الأعمال وتحقيق الأهداف المنشودة للمنظمة.

ثانياً: أدوار محلل النظم:

يتولى محلل النظم أكثر من أنشطة تأثيراً في مجال تطوير وبناء نظم المعلومات ونجاحه في عملية التحليل يؤدي إلى نجاحه في تصميم النظام محلل النظم سواء كان فرداً أو جزء من فريق يقوم بمهام تحليلية تقنية انسانية واتصالية تتطلب منه المهارة والمعرفة والإدراك العميق للنظام .

محلل النظم له أدوار متكاملة ومتنوعة في المنظمة منها:

1. محلل النظم كمستشار حيث يقوم بدور المستشار في حوسبة أنشطة الأعمال وتشغيل نظم المعلومات والاستفادة من الخبرات والمهارات يفضّل أن يكون من البيئة الداخلية بدلا من الاستعانة من الخارج.

2. محلل النظم كخبير مساعد حيث يقوم بتقديم الدعم المهنى والخبرة التقنية في مجال أجهزة وبرمجيات الحاسوب ونوع التكنولوجيا المساعدة.
3. محلل النظم كصانع تغيير التخطيط لبناء وتطوير نظم المعلومات يعني التخطيط لإجراء تغيير تنظيمي جذري في المنظمة فإدخال نظم المعلومات للمنظمة يؤدي إلى تغيير جوهري في بيئة وبنية المنظمة ومحتوى الوظائف والأنشطة الموجودة والأفراد العاملين إضافة إلى التأثير المباشر على أهداف المنظمة واستراتيجياتها في أعمال لذلك يعتبر محلل النظم صانع تغيير في داخل المنظمة كونه يحدث تغيير في الأنشطة والوظائف وأساليب العمل إضافة إلى التغيير في الثاقفة التنظيمية وما يحتويه من قيم وقواعد وتقاليد.

مؤهلات محلل النظم:

1. يجب أن يتصف باالقدرة التحليلية والقدرة على التصور وخلق الرؤى.
2. خبير في تشخيص الواقع وحل المشكلات والابحث عن حلول مناسبة لها.
3. يحتاج محلل النظم للخبرة التقنية والعملية في استخدام أدوات التحليل للمشاكل.
4. أن يتصف بمهارة الاتصال والقدرة على قيادة الفريق الواحد.

وبالتالي محلل النظم هو شخص متنوع المهارات والتخصصات لديه استعداد تام لتقديم كافة أساليب العون وعنده القدرة على التطور وزيادة الخبرة والتعلم باستمرار إضافة إلى ضرورة اتسامه بالتواضع وعدم الغرور والتعالي على المستفيدين من نظام المعلومات.

ثالثاً: في العلاقة بين نظرية النظم وتحليل وتصميم النظم:

يستند منهج النظم بصورة عامة على القاعدة المنهجية والتكتيكية لنظرية النظم العامة وهنالك مفاهيم وأدوات تحليل كثيرة مستخلصة من الإطار النظري لنظرية النظم العامة ومن المفاهيم المشتركة بينه نظرية النظم وتحليل وتصميم النظم ما يلي:

1. مفهوم دورة حياة النظم العامة:

كل النظم بمختلف أنواعها مشترك بخصائص متقاربة ومن سببه هذه الخصائص أن النظم في معظمها لها دورة حياة عامة تحتاج إلى التطوير والتحديث والتغيير المستمر.

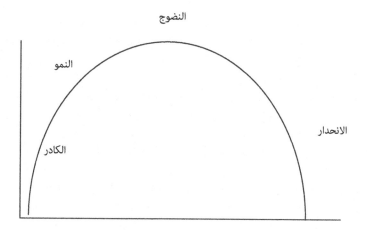

دورة حياة النظم العامة

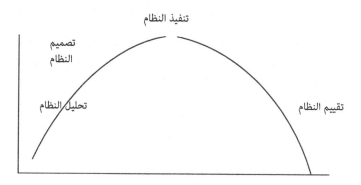

دورة حياة نظام المعلومات

2. التوازن الديناميكي للنظم:

من أهم شروط أي نظام حتى يستمر أن يحقق قدر مناسب من التفاعل والتوازن مع البيئة الخارجية ويتحقق هذا التوازن عندما تستطيع النظم أن تتبادل وبنجاح المدخلات والمخرجات مع البيئة الخارجية وعندما يختل التوازن داخل النظام أو خارجه يصبح النظام غير قادر على التكيف مع البيئة الخارجية ونقطة الانطلاق لتحقيق توازن ديناميكي هو معرفة المخرجات المرغوب بها وتهيئة المدخلات من مصادرها وهذا يمثل أساس منهج تحليل احتياجات المنظمة.

3. مفهوم النظام كل متكامل وكبينة متراكبة من النظم الفرعية النظام هو وحدة متكاملة وهو عبارة عن مجموعة من النظم الفرعية المتفاعلة معاً هذا المفهوم أثّر على اشتقاق التحليل الهيكلي والبرمجة الهيكلية والتصميم الهيكلي من أعلى إلى أسفل كما أثر على البرمجيات وقواعد البيانات المستخدمة.
4. يتقارب مفهوم النظم مع منهج تحليل وتصميم النظم من حيث ضرورة تواجد مفهوم المدخلات والعمليات والمخرجات حيث لابد من تحليل المخرجات أولا ثم التصميم المنطقي للمدخلات وهذا كون

المخرجات هي النتائج المطلوب تحقيقها من قبل النظام "حاجات المستفيد".

5. حسب نظرية النظم تتصف كل النظم بالهدفية والوظيفية أي لكل نظام هدف أو مجموعة من الأهداف يسعى لتحقيقها وكل نظام له وظيفة واحدة على الأقل لذلك أهم ما يشغل المحللين والمصممين والمبرمجين هو تحديد نوع وطبيعة الأهداف المطلوب تحقيقها وتحديد الوظائف التي تؤدي إلى تحقيق هذه الأهداف.

6. يفيد مفهوم التغذية العكسية عند تحليل وتصميم النظم من وضع نظم المراقبة والحماية والأمن للنظام حيث تظهر الحاجة للتغذية العكسية للكشف عن الأخطاء والانحرافات في عمل النظام وهنا يستخدم أسلوب النمذجة الذي يقوم بمراجعة احتياجات المستفيد وتغذية النظام بالمتطلبات الجديدة وبناء نموذج في ضوء هذه المتطلبات .

7. ماذا تقدم نظرية النظم العامة ؟

نظرية النظم لديها مفاهيم مهمة مثل فلسفة النظم تحليل النظم إدارة النظم وهذه المفاهيم تمثل منهج لتحليل وتصميم وتطوير نظم المعلومات كذلك تحليل وتصميم النظم يتناول كل القضايا التقنية والتنظيمية والسلوكية وهو هندسة لنظم وعلاقات جديدة لتواكب الأهداف والظروف البيئية الجديدة وبالتالي تقدم نظرية النظم:

أ. هيكل نظري لتحليل وتصميم النظم.

ب. فرصة لتصميم نظام يعمل بكفاءة وفعالية.

ج. تحليل وتصميم النظم هو عمل هندسي وابداعي يحتاج إلى علم ومهارة ولكن بطابع إنساني.

رابعاً: أساليب تصميم نظم المعلومات:

نتيجة تعدد وتنوع الإدارات واختلاف بيئة الأعمال واختلاف ظروف العمل ولعدم وجود مدخل شامل واحد لتصميم وتطوير المعلومات

ولعدم وجود بديل واحد تناسب كل المنظمات وكل البيئات تعددت أساليب تصميم وتطوير نظم المعلومات الإدارية والمحوسبة لتشمل:

1. **مدخل التطوير Add Hoc:**

ونتيجة هذا المدخل نحو حل مشكلة معينة دون أن يأخذ المشاكل الأخرى بعين الاعتبار وبالتالي لا يعمل محلل النظم على تحليل النظام ككل وإنما يقوم بالتركيز على نقاط الضعف في موضوع المشكلة التي تتطلب الحل السريع ويفيد هذا المدخل في المنظمات التي تتصف بالتغيير والتطوير المستمر وتعمل في بيئات متغيرة ومعقدة وهو تقيد مدخل التخطيط الاستراتيجي لنظم المعلومات أو المداخل التي تتطلب وجود جدولة دقيقة وواضحة بالموارد والأنشطة لتطوير النظام.

2. **مدخل نمذجة قاعدة البيانات:**

حسب هذا المدخل يقوم فريق تطوير نظم المعلومات بتصميم نموذج بقاعدة البيانات تضم كل المعلومات الضرورية والتي تساعد إدارة النظام على تحديث واسترجاع ومعالجة البيانات.

- فائدته: يركز على قواعد البيانات لتحقيق قدرة نظام المعلومات على الاستجابة السريعة والمرنة لمتطلبات الإدارة وهو ينسجم مع المنهج التخطيطي لتصميم وتطوير نظم المعلومات ومع مفهوم التحليل الهيكلي تكنيك لتحديد الاحتياجات وبرمجتها حسب الوحدات التركيبية للنظام.

- الانتقاد الموجه لهذا المدخل:

يستند على معالجة البيانات حسب احتياجات المستفيدين وبالتالي هو تحسين القرارات الإدارية ويرفع من الكفاءة وفعالية النظام لكن هذا غير كافي ولا يلبي كل مستلزمات التطوير وبناء نظم المعلومات المحوسبة والحديثة كونها تركز على مفهوم الترابط بين إدارة قواعد البيانات وبرمجيات متنوعة ومتكاملة للتحليل والتخطيط الاستراتيجي واستخدام نماذج مساندة للقرارات الهيكلية وغير الهيكلية.

3. مدخل الهيكل التنظيمي:

يهتم هذا المدخل بالبينة التنظيمية والمستويات الإدارية والوظيفية الرئيسية للمنظمة أي تحليل وتصميم نظام المعلومات بناءاً على هيكل المنظمة وحسب الخارطة التنظيمية وبالتالي يكون نظام المعلومات متغير تابع والهيكل التنظيمي متغير مستقل.

تقييم المدخل:

- هو مدخل لهندسة المجالات الوظيفية الرئيسية في المنظمة والعلاقات الرسمية في التنظيم الرسمي فقط وبالتالي الخارطة التنظيمية لا تعكس التفاعل بين المجالات الوظيفية بصورة كاملة وبالتالي قد يفشل فريق التطوير والتصميم في تحديد الاحتياجات الحقيقية للمستفدين بناءاً على الخارطة التنظيمية ويعني ذلك إهمال التنظيم غير الرسمي والمعلومات غير الرسمية الناتجة عنه كما أن المدخل الهيكل التنظيمي يقود النظام إلى حالة ساكنة ولا يحقق التكامل بين المستويات الإدارية لمعرفة عناصر القوة

والضعف في الداخل والاستفادة من الفرص وتجنب التهديدات من الخارج وهذا المدخل يستند على النظرية الكلاسيكية من التنظيم ويهمل عنصر التغيير وعنصر الوقت.

4. مدخل التصميم من أعلى إلى أسفل Top down :

يصمم النظام للمساعدة في تحقيق الأهداف الاستراتيجية بالدرجة الأولى والأهداف التنظيمية المشتقة عنها ويركز على مفهوم تحليل وتصميم احتياجات النظام ككل في أعلى مستوى وتجزءة النظام حسب النظم الفرعية ووظائفها وبالتالي يهتم هذا المدخل بتحديد احتياجات الإدارة العليا ثم الانتقال للاحتياجات الإدارية الأخرى نزولاً من أعلى إلى أسفل ومن العام إلى الخاص.

5. مدخل التصميم من أسفل إلى أعلى:

هو منهج تركيبي يبدأ بالخاص ثم العام وبالجزء ثم الكل أي أنه يبدأ بالمشكلات التشغيلية الصغيرة وينتهي باحتياجات المستوى الأعلى للمنظمة وهو مدخل لحل المشكلات التشغيلية وما تتطلبه من معلومات

ذات علاقــة

مباشرة بنتائج أنشطة الأعمال أي تركيب المعلومات وجمع الاحتياجات ودراسة العلاقات وتدفق القرارات للمستويات الأعلى والفائدة الجوهرية لمدخل التصميم من أسفل لأعلى هو قدرة هذا المدخل على تقديم معلومات دقيقة وواضحة عن احتياجات الإدارة التشغيلية والإدارة الوسطى وحل المشكلات وتصميم برامج النظم الفرعية وهو عمل يحمل صفة البساطة والسهولة في عملية تصميم وتطوير نظم المعلومات وهو مناسب لنظم معالجة المعاملات (الحدث) ونظم أتمته المكاتب ونظم المعلومات الإدارية.

ومن الصعب اختيار منهج معين لتصميم وتطوير نظم المعلومات بدون الأخذ بعين الاعتبار نوع وطبيعة نظام المعلومات وفئة المستفيدين ومكان عمل هذا النظام وحجم ونوع وطبيعة منظمة الأعمال ودرجة تعقد وتشابك الأنشطة وخصائص البيئة والخطط المستقبلية.

خامساً: العوامل المؤثرة في عملية تحليل وتصميم نظم المعلومات:

هنالك عوامل مهمة ومؤثرة يجب أن تؤخذ بعين الاعتبار عند تحليل وتصميم النظم ومنها:

1. اعتماد منهج تحليل الوحدات التركيبية من أعلى إلى أسفل وتقسيم النظام إلى مستويات نزولاً إلى أصغر وحدة وتشعّبي المستويات حسب مكوناتها وعناصرها.

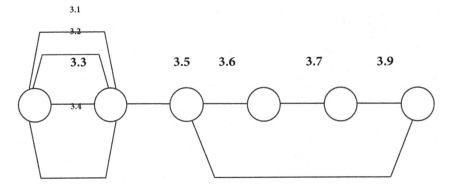

2. المرونة في التصميم بحيث تسمح بإدخال التعديلات والتغيرات بهدف تطوير النظام وتغيير بعض مكوناته وعناصره والمرونة يجب أن تشمل البرمجيات والآلات.

3. البساطة بحيث من الضروري توفر عنصر البساطة في تصميم وتحليل النظام سواء في مكوناته وبرمجياته وطرق تشغيله فالنظام البسيط أفضل في كل الأحوال من النظام المعقد وأكثر استجابة لحاجات المستفيد وأكثر تحقيقاً لرضى المستفيد سواء كان صانع قرار أو مستخدم للنظام.

4. القدرة على التطور والتحديث والتوسع في مجالات الأعمال الجديدة لتلبية احتياجات المستفيد والتي تتصف بالتغير.

5. الملائمة لحاجة المستفيد بحيث يتم توجيه النظام نحو خدمة هذه الحاجات وملائمة النظام للقيود التنظيمية البيئية والإدارية.

6. سهولة التشغيل والاستخدام بمعنى أن يكون النظام صديقا للمستفيد يقدم له العون في لغته اللاإجرائية والبرامجية وأثناء عملية التشغيل.

7. الكفاءة والفعالية التشغيلية بمعنى إنجاز وظائف النظام بأقل التكاليف وأكثر كمية ممكنة من المعلومات القيمة .

8. الأمان والحماية والتحكم فيجب أن يتمتع النظام بهذه الخصائص حيث يجب أن يضمن المصمم وجود نظام كفئ للحماية والأمن والسيطرة على عمليات التشغيل وضمان معايير السلامة والموثوقية.

الوحدة الثالثة

منهجية دورة حياة

النظام

منهجية دورة حياة النظام

1. دراسة الجدوى.
2. تحليل النظام.
3. التصميم.
4. التطبيق.
5. الاختبار.
6. التدريب والتوثيق.
7. التشغيل والتقييم.

لا يوجد طريقة واحدة مثلى وعاملة لتصميم نظم المعلومات على اختلاف وظائفها مستوياتها وأنواعها ولن يكون هنالك طريقة واحدة في المستقبل على العكس من ذلك تعددت هذه الطرق لتصميم وتطبيق نظم المعلومات وكل طريقة لها ميزاتها وعيوبها ومشاكلها ومبرراتها.

أولاً: منهجية دورة حياة النظام:

هي من أقدم الطرق وأكثر تقليدية وهيكلية بحكم منطقها المرتب والواضح واعتمادها على أنشطة ومراحل تبنى بشكل مسبق وقبل الشروع في تنفيذ مهام تفصيلية مبرمجة لتصميم النظام ولا يوجد اتفاق بين العلماء على المراحل الرئيسية لدورة حياة النظم ولا على بينة كل مرحلة من الأنشطة الفرعية والمتشعبة عنها وتدفقها المنطقي والطبيعي وهنالك العديد من الخبراء والباحثين الذين حدّدوا مراحل دورة حياة النظم منهم Charls, Briggs 1980 لتشمل على تخطيط النظم، تحديد الاحتياجات تطوير النظم، تطبيق النظم.

1982 جيمس حدد المراحل بـ الحاجة للتغيير في نظم المعلومات، دراسة الجدوى، تحليل الاحتياجات، التصميم المنطقي للنظم.

كما اختلفت كذلك طريقة عرض المراحل منها من أخذ الشكل الدائري أو الشكل التدفقي Water Foll أو شكل خريطة كما تعددت المناهج الموضوعة من قبل العلماء فكان هنالك نموذج مارتن ونموذج هكس وأفاد النموذج الذي سيتم اعتماده هنا هو النموذج الشبكي.

النموذج الشبكي:

مرحلة دراسة الجدوى، مرحلة تحليل النظم، مرحلة تصميم النظم، مرحلة التطبيق، مرحلة الاختيار، مرحلة التحويل، مرحلة التشغيل، والتقييم.

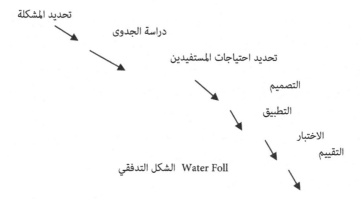

تحديد المشكلة

دراسة الجدوى

تحديد احتياجات المستفيدين

التصميم

التطبيق

الاختبار

التقييم

الشكل التدفقي Water Foll

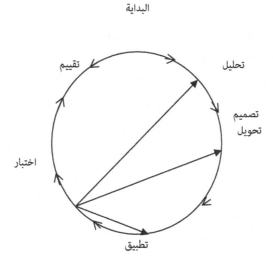

البداية

تقييم

تحليل

تصميم
تحويل

اختبار

تطبيق

النموذج الدائري

دورة حياة النظم:

1. مرحلة دراسة الجدوى:

تقدم هذه المرحلة إجابة حول إمكانية إنشاء نظام معلومات جديد يحقق الأهداف التنظيمية المنشودة في ظل القيود المالية والتقنية والاقتصادية والتنظيمية وبالتالي تقوم لجنة التوجيه الاستراتيجي لنظم المعلومات بتشكيل فريق لدراسة الجدوى وذلك من خلال تحديد ثلاث أبعاد أساسية:

أ.   البعد الاقتصادي حيث تهتم دراسة الجدوى بتحديد تكاليف الإجمالية المترتبة ومقارنتها بالمنافع المتوقعة بالأجل القريب والبعيد بمعنى تحديد "الجدوى الاقتصادية".

ب. البعد التنظيمي أي معرفة درجة التوافق بين التنظيم ومستلزمات تشغيل النظام بكفاءة وتحديد القدرات التي تحقق الميزة التنافسية وهنا يتم التأكد من توفر إمكانية تنظيمية لتشغيل النظام واستيعاب قدراته في المعالجة وانتاج المعلومات "جدوى تنظيمية".

ج. البعد التقني أي وجود تقانة معلوماتية عالية وقابلة للتطور والتحديث عند الحاجة بمعنى لابد من وجود توافق بين التقنية الموجودة والتقنية التي سيوفرها النظام "جدوى تقنية".

مبررات دراسة الجدوى:

تظهر الحاجة لدراسة الجدوى عند ظهور مشكلات جوهرية تؤثر على إنجاز المنظمة ولها علاقة بضرورة توفر نظام معلومات ضمن معايير الجودة والحداثة والتطور ودراسة الجدوى هي مجموعة الأنشطة المتنوعة والمتشعبة إلى مهام وواجبات أصغر وأقرب إلى شبكة الأعمال وهي جزء من تحليل وتصميم النظم إلا أنها مفصولة عن مرحلة التحليل كون مرحلة التحليل مرحلة أكاديمية تختلف عن أنشطة دراسة الجدوى التي تكمِّل مرحلة التحليل وبما أن مرحلة دراسة الجدوى مرحلة مكلفة تنشأ بعض المنظمات للاعتماد على الامكانيات الذاتية لتنفيذ الدراسة أو ايجاد فريق دراسة أولية.

خطوات دراسة الجدوى:

1. **تشكيل فريق الدراسة وتنظيم الدراسة:**

1. تبدأ هذه الخطوة بعد صدور قرار من الإدارة العليا بدراسة الجدوى ويضم الفريق فئتين:

أ. فئة المدراء والمستفيدين.

ب. فئة الخبراء المتخصصين بدراسة الجدوى.

ويجب أن تعطى صلاحيات ماسعة للفريق وحرية كاملة في الوصول للوثائق والمستندات والتقارير والاستقلالية في تحليل البيانات والوصول للنتائج.

ويجب اشراك المستفيدين لتأسيس علاقة متفاعلة ومتينة بين المستفيد والنظام منذ بدء انطلاقه وأثناء تصحيحه وتصميمه وتشغيله وبعد الانتهاء من التشغيل ويجب أن يكون الفريق من ذوي الخبرة والكفاءة وأحياناً يتم الاعتماد على المنظمات الاستشارية في هذا المجال أي

من خارج المنظمة في حال عدم توفر الخبرات من داخل المنظمة ومواصفات الفريق هي:

1. المهارة والمعرفة في مجال دراسة الجدوى بأبعادها التنظيمية التقنية والاقتصادية.

2. معرفة في الأساليب الإحصائية والكمية.

3. معرفة في الحاسوب.

4. متخصصين في مجال المحاسبة والتحليل والمالي والاقتصادي.

5. معرفة في أهداف المنظمة واستراتيجياتها الحالية والمستقبلية وطبيعة الأنشطة الجوهرية فيها.

6. القدرة على فهم المناخ التنظيمي الداخلي للمنظمة وعلاقاتها بأسواقها ومنافسيها والبيئة الخارجية.

7. القدرة على العمل مع الفريق الواحد بتوافق وتكامل للمساعدة في إنجاز المهام والواجبات.

2. إدراك المشكلة، موضوع الدراسة أو الفرصة المتاحة والمطلوب استثمارها وتحليلها وتحديد الإطار العام لها.

3. تحديد درجة الحاجة للتغيير التنظيمي أي الإجابة على السؤال التالي (هل يتطلب الحل تغيير منطقي وجوهري في المنظمة؟)).

4. كلما أدركت المنظمة حجم وخطورة المشكلة كلما كانت قادرة على تشكيل فريق دراسة جدوى ودعمه بالمتطلبات والكوادر والخبرات اللازمة له.

5. يحتاج فريق الدراسة هنا إلى تحديد الأهداف الإستراتيجية وتحديد القيود التي تحكم عمل المنظمة بين الحاضر والمستقبل وتحليل البيئة الداخلية لمعرفة عناصر القوة والضعف والتهديدات.

6. كما يتطلب من فريق الدراسة تحليل النظام الحالي وجمع البيانات وانتاج المعلومات الاقتصادية والتقنية والتنظيمية المقدمة لوضع جدوى للأبعاد الثلاثة.

على فريق دراسة الجدوى الإجابة على السؤال الجوهري التالي ((هل المشروع لتصميم نظام المعلومات الجديد جدوى اقتصادية وتقنية وتنظيمية متوفرة أم لا ؟))

والإجابة على هذا السؤال هي التي تحدد الخيارات التي تخرج بها دراسة الجدوى وهي:

1. التخلي عن نظام المعلومات القديم وبناء نظام جديد بالجدوى الاقتصادية والتنظيمية والتقنية الجديدة.

2. المحافظة على الوضع القائم من خلال إيجاد حلول تشغيلية على النظام الحالي أو تأجيل عملية التغيير التنظيمي.

3. إمكانية تطوير وتحديث النظام الحالي وعدم إجراء تغيير جذري توفيراً للمواد والوقت والتكلفة.

هذه الخيارات الثلاثة تأتي على شكل توصيات للإدارة لتمثل مجموعة من الأنشطة لإعداد الموازنات والكشوفات.

نجاح دراسة الجدوى يعتمد على كفاءة أو طريقة الدراسة وتعاون الإدارة والأفراد العاملين في المنظمة وعلى توفر الموارد المالية وطريقة جمع وتحليل البيانات.

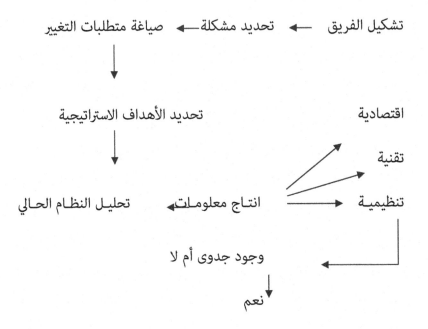

2. تحليل احتياجات المستفيدين:

2. تحليل الاحتياجات الجوهرية للمستفيدين:

مع زيادة التطور التقني وتكنولوجيا المعلومات أصبحت نظم المعلومات أكثر تعقيداً وأكبر تفصيلاً بمعنى أنها أصبحت متعددة

الوظائف ومتعددة المستويات كل هذا أثر على إدراك وتحديد المشكلة وتوصيف المستلزمات لبناء النظام وتحديد الحاجة الأساسية المطلوبة من هذا النظام ولتسهيل هذه المهمة تم استخدام العديد من الأدوات مثل شجرة القرارات أو النماذج وغيرها للمساعدة في فهم وتحليل طريقة عمل نظم المعلومات الحالية والموجودة فعلاً في المنظمة كل هذه الطرق تعتمد على عملية جمع وتحليل البيانات.

البداية
تحديد ادراك المشكلة
صياغة متطلبات التغير للنظام
تشكيل فريق الادارة
الاهداف الاستراتيجية لموارد القيود
معلومات اقتصادية
معلومات مالية
معلومات تنظيمية
معلومات تقنية
جمع وتحليل البيانات
تحليل النظام الحالي
ايجاد طرق للحلول
هل توجد جدوى
نعم
لا
تحليل الجدوى
الادارة
المختصين
القيود
هل توجد جدوى
التوصية بطرق خاصة بالحلول
توثيق النظام
تهيئة التحليل، البرمجة ، والميزانية
تقرير للجنة التخطيط الاستراتيجي
مراجعة الادارة
تفويض السلطات والصلاحيات
هل الحل مقنع
اختيار كادر النظام
نهاية دراسة الجدوى
اعادة الدورة

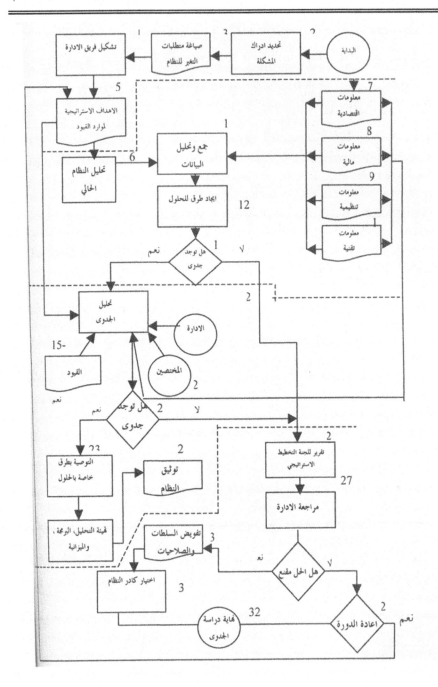

جمع البيانات:

وهي دراسة البيئة التنظيمية والتشغيلية المطلوب تغييرها وتحليل النظام الحالي ومكوناته من النظم الفرعية وهذا يهدف تحديد حدود ونطاق المشكلات الموجودة ومراجعة وتحليل نظام العمل الحالي يتطلب توجيه أسئلة محددة لتحليل النظام هي:

1. ما هي طبيعة العمل الذي يجري تنفيذه.
2. كيف يتم العمل الحالي.
3. من أين تصدر البيانات ومن يقوم بتجهيز التقارير والوثائق وما هي المدة لعملية التجهيز وما هي الأجهزة المستخدمة وكم هي عدد النسخ المطلوبة وهل توجد هنالك طاقة تشغيلية غير مستثمرة.

ثم يتم بعد ذلك تحديد جهة استلام التقارير وهل هي ضرورية لاتخاذ القرار وما هي المعلومات الإضافية اللازمة.

أما بخصوص علاقة البيانات بأنشطة الخزن والاسترجاع فيتم تحديد عدد مرات استرجاع الوثائق وتكلفة التحديث والمعالجة الخاصة

بالوثائق وتكلفة الخزن والاسترجاع ومن خلال الإجابة على هذه الأسئلة يتم جمع البيانات بصورة مستمرة عن النظام الحالي وأساليب اتخاذ القرار.

الأدوات والتكتيك المستخدم في جمع البيانات:

1. المقابلات الشخصية وهنا يتم مقابلة أفراد مهمين لهم دور استشاري أو رقابي في المنظمة ومعنيين مباشرة من النظام ومن المهم هنا توثيق الآراء والمقترحات لتحليلها وتكون المقابلات مبرمجة ومخططة مع إمكانية إجراء مقابلات غير رسمية وغير مبرمجة للتأكد من البيانات والحقائق ولمعرفة المشاكل التي تعيق عمل الإدارة .

2. اجتماعات العصف الذهني وهنا يجتمع محللوا النظم وفريق تطوير النظام مع مدراء المجالات الوظيفية الرئيسية من تسويق وهندسة وموارد بشرية ومالية ومن خلال عقد سلسلة متواصلة من اللقاءات غير الرسمية لدراسة الفرص المتاحة والمطلوبة كهدف

استراتيجي ولتحديد أبعاد المشكلة موضوع الدراسة وفي هذه الطريقة يشجّع الحوار وتحفّز الأفكار من دون تدخل أو ضغط من خلال تنسيق الأفكار وطرح الأسئلة لتحديد أسباب ضعف الكفاءة التشغيلية للنظام الحالي.

3. الاستبيان وهي طريقة لجمع البيانات بكميات كبيرة ولأعداد كبيرة من الأفراد الذين توجه لهم استمارة تحوي أسئلة حول موضوع الدراسة وهذه الطريقة هي الأكثر رسمية بين الطرق وتعتمد على نوع الاستبيان وعدد الأسئلة التي تتطلب إجابة دقيقة ووافية.

4. الملاحظة وهي طريقة مهمة لجمع البيانات عن النظام الحالي تعني أن محلل النظم يعرف مسبقا أين يركز انتباهه وعليه مسبقا أن يسجل الملاحظات ويوثقها ومن ثم يحللها بصورة جماعية مع فريق العمل هذه الحزمة من الأنشطة لدراسة الجدوى تندمج بنيوياً لمرحلة تحليل النظم وهي جزء مهم وحيوي لمنظومة الأنشطة المتدفقة والمتكاملة لتحليل وتصميم النظم وبناءً على

ذلك يمكن تلخيص انشطة دراسة الجدوى كمرحلة مستقلة إلى منظومة من الأنشطة الفرعية وكما هو واضح في الشكل التالي:

أنشطة خطوات دراسة الجدوى:

1. تحديد وإدراك المشكلة.
2. صياغة متطلبات تغيير النظام.
3. استكمال فريق دراسة الجدوى.
4. تحديد الأهداف الموارد والقيود.
5. جمع البيانات الاقتصادية والتقنية والتنظيمية.
6. إيجاد الحلول وتحديدها.
7. تحليل الجدوى الاقتصادية والتقنية والتنظيمية.
8. تهيئة الحلول وإعداد الموازنة.
9. توثيق النظام الحالي.
10. تفويض الصلاحيات والسلطات.
11. اختيار كادر النظام ومراجعة الحلول.

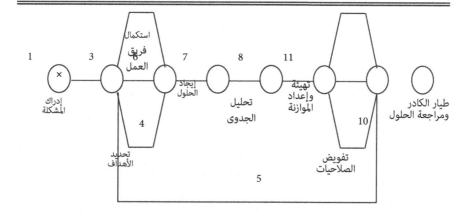

3. مرحلة تحليل النظم:

هي حزمة من الأنشطة المتكاملة التي تبدأ بتحليل احتياجات المستفيدين وتحديد أهداف النظام الجديد ومواصفاته وحدوده والقيود التي يعمل في إطارها.

ينتج عن هذه المرحلة بيان بمتطلبات النظام وهي:

1. مخرجات النظام.
2. العمليات والأنشطة التي يجب أن تنفذ للحصول على المخرجات .
3. المدخلات الضرورية للنظام للحصول على المخرجات.
4. الموارد الضرورية لعمل النظام.
5. الإجراءات وقواعد العمل للنظام.

يتم في هذه المرحلة تحديد المواصفات والبرمجيات والأجهزة والبيانات وقواعد البيانات والإجراءات والكادر الإداري والفني لإنتاج مخرجات ضمن معايير الجودة والملائمة والتوقيت والشكل المناسبين.

- **منهجية تحليل الاحتياجات في المنظمة:**

1. مدخل تحليل احتياجات المستويات الإدارية في المنظمة:

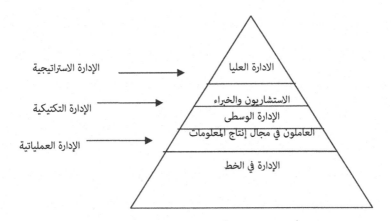

كل مستوى إداري له إدارة مستقلة ونوع من الأنشطة والعمليات وهناك في منظمات الأعمال ثلاث مستويات إدارية:

أ. الإدارة الاستراتيجية.

ب. التكتيكية.

ج. التشغيلية أو الفنية.

حيث تأخذ الإدارة العليا وظيفة التخطيط الاستراتيجي والرقابة الاستراتيجية بينما تقوم الإدارة الوسطى بالتخطيط الوظيفي والرقابة الإدارية على الأنشطة المنفذة في المجالات الوظيفية الرئيسية أما الإدارة التشغيلية فتعمل على برمجة وجدولة الأنشطة الروتينية اليومية والمشكلات التشغيلية.

على فريق تطوير النظم تحديد أهم الاعتبارات المؤثرة في هذا المجال وهي:

1. ضرورة تحليل جميع المستويات الإدارية والكشف عن أوجه التكامل في احتياجاتها من المعلومات.

2. التركيز على المستوى الإداري الذي يرتكز عليه في الأساس نظام المعلومات سواء من خلال صلته بالمشكلة أو لتوجيه النظام لخدمة مستوى إداري محدد.

3. فهم طبيعة علاقة نظم المعلومات بأنواعها المختلفة مع طبيعة وحجم عمل الإدارة الرئيسية في المستوى الإداري.

تختلف المنهجية في تحديد احتياجات المستوى الإداري من المعلومات الضرورية والدقيقة مقارنة بالمستويات الأخرى وهنا سترى كيف تختلف هذه النظرية عندما تقوم بتحديد احتياجات المستويات الإدارية.

1. تحديد احتياجات الإدارة العليا الاستراتيجية من خلال أسلوب Mintzberg:

هناك دراسة قدمت من قبل منتزبيرغ لتحليل ودراسة أدوار المدراء التنفيذيين حيث عمل على دراسة مجموعة متنوعة من المهام الإدارية للمدراء وتحليلها فتوصل إلى وجود عشرة أدوار رئيسية للمدراء موزعة على ثلاث فئات هي:

أ. فئة شخصية.

ب. معلوماتية.

ج. قرراتية.

وقبل مناقشة الأدوار يجب الإشارة إلى بعض الملاحظات:

1. أن مهام وواجبات كل مدير تتكون من تشكيلة متنوعة أو حزمة متكاملة من الأدوار وليس بالضرورة جميع الأدوار العشرة.
2. تحدد الأدوار الإدارية خصائص العمل الإداري في المنظمة.
3. ترتبط الأدوار الإدارية وتتكامل بدرجة عالية.
4. الأهمية النسبية لكل دور يختلف بصورة ملحوظة حسب نوع وطبيعة المنظمة والمستوى الإداري والبنية الوظيفية.

1. **فئة الأدوار الشخصية:**

تتألف من:

أ. الأدوار الرئاسية.

ب. قيادية.

ج. المحافظة على القنوات.

أما في الدور الرئاسي فيتولى المدير استقبال الضيوف والتمثيل الرسمي للمنظمة وتوقيع القرارات والوثائق والزيارات الرسمية.

أما الدور القيادي فيقوم بتحفيز الأفراد وتوجيههم، أما دور المحافظة على القنوات فيقوم بعمل الاتصالات مع الأفراد ومنظمات داخل وخارج المنظمة.

2. الفئة المعلوماتية:

وهنا يعمل كموجه ببحث بصفة دائمة عبر معلومات تساعد المنظمة في أداء أعمالها ومن خلال المعلومات يعمل كصانع للقواعد وواضع الأساسيات ويعمل كحائز للمعلومات ، ومنقذ للاتصالات خراج المنظمة.

3. الفئة القرارتية:

أ. يعمل كمفاوض مع المنظمات الأخرى بحيث يقوم يعقد الصفقات ويتولى القضايا الإستراتيجية كالدخول بأسواق جديدة والشراكة الدولية والحصول على التمويل للمشاريع.

ب. يعمل كصانع قرارات إستراتيجية وبناءً على هذا الدور يصبح صانع تغيير يجري تغييرات في الهيكل التنظيمي وبناءً على ذلك يعمل كمعالج لآثار التغيير والصراع الناتج عن التغيير.

ج. يعمل كموزع للموارد المتاحة ويعمل على جدولة الاحتياجات المادية وغير المادية للإدارات وهنا يعمل على مراقبة كفاءة وفعالية استخدام تلك الموارد.

2. مدخل Wetherbe لتحليل احتياجات الإدارة التحليلية ، اقترح Cietherbe تحليل احتياجات الإدارة العليا من خلال ما يسمى المقابلات الهيكلية والتي يتم فيها تحديد العناصر الرئيسية للمعلومات التي تحتاجها الإدارة العليا لتنفيذ الأنشطة وعمليات

الرقابة والسيطرة الاستراتيجية على المنظمة واقترح هنا ثلاث طرق لإجراء المقابلات الهيكلية وهي:

1. اعتماد أسلوب الـ IBM حتى تخطيط نظام العمال أو يسمى هذا الأسلوب تحليل عوامل النجاح المرجحة، ويتم هنا طرح التساؤلات التالية:

أ. ما هي عوامل النجاح المحتملة في المنظمة ككل وفي النظام الفرعي الرئيسي.

ب. ما هي المعلومات التي يحتاجها المدير لضمان عوامل النجاح ولتحقيق الرقابة على هذه العوامل .

ج. كيف يستطيع المدير قياس عوامل النجاح المرجحة.

2. أسلوب Endes means E/M: الذي يقابل المخرجات والمدخلات حيث يتم هنا التركيز على تحديد معايير الكفاءة للمخرجات ومعايير الفعالية للعمليات لتوليد المخرجات وبالتالي تحديد النتائج المترتبة على إنتاج السلع والخدمات والعمال في المنظمة

وتحديد الأشياء أو الوسائل التي تجعل هذه السلع والخدمات بنوعيـة عاليـة ومزايا أسلوب النمذجة:

يعني إعداد نموذج يشمل بيان الاحتياجات الرئيسية للمستفيدين " الإدارة العليا" وتعديل وتطوير النموذج العملي المقترح لنظام المعلومات من خلال إعادة النظر بنوع وطبيعة الاحتياجات الحقيقية والحالية والمتجددة للمستفيدين.

3. مدخل Wasten and frolick:

يستند هذا المدخل على ثلاث استراتيجيات لتحديد المعلومات المطلوبة وهي:

1. مدخل المقابلة الموجهة وطرح الأسئلة.
2. اشتقاق المعلومات من خلال تحليل نظام المعلومات الحالي.
3. تركيب المعلومات من خصائص النظام والنظم الفرعية.
4. اكتشاف المعلومات عن طريق التجريد وتطوير النظام عبر مراحل دورة حياته.

هذه المداخل تقدم منهجية عامة للإستراتيجية المتبعة لتحليل احتياجات الإدارة من المعلومات من خلال أساليب يدوية أولية وباستخدام الحاسوب في مرحلة متطورة.

تحليل المعلومات والقرارات:

ترتبط المعلومات بنوع القرار أو الإدارة أو المستوى الإداري وفي كل منظمة يوجد ثلاث مستويات على الأقل.

الإدارة الإستراتيجية والتكنيكية والتشغيلية ، ويوجد ثلاث فئات رئيسية من المعلومات مرتبطة بثلاث أنواع عن القرارات ، فالإدارة الإستراتيجية مرتبطة بالإدارة العليا وتستخدم المعلومات الإستراتيجية لاتخاذ قرارات إستراتيجية أما الإدارة التكتيكية فمرتبطة بالإدارة الوسطى وتستخدم المعلومات التكنيكية لاتخاذ القرارات التكنيكية والإدارة التشغيلية فمرتبطة بالإدارة الدنيا وتستخدم معلومات فنية لاتخاذ القرارات الفنية.

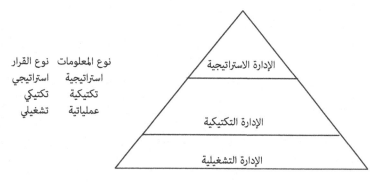

نوع المعلومات	نوع القرار
استراتيجية	استراتيجي
تكتيكية	تكتيكي
عملياتية	تشغيلي

المعلومات، القرارات، المستوى الإداري

1	2	3	4	5	6	7	8	9
نوع المعلومات	نوع القرارات	المستفيد	مصدر المعلومات	درجة التعقيد	البعد الزمني	درجة الوضوح	السرعة	الاستخدام
إستراتيجية	استراتيجي	الإدارة الإستراتيجية	البيئة الخارجية بالدرجة الأولى + البيئة الداخلية	عالية التعقيد	المستقبل	غير واضحة أو قليلة	أكثر سرعة	سياسة الاستراتيجيات وتطبيق الأعمال
تكتيكية	تكتيكية وهي مدخلات للقرار الاستراتيجي	إدارة التكتيكية	البيئة الداخلية		الحاضر والمستقبل القريب	واضحة نسبياً	سريعة	الاستراتيجيات الوظيفية

الخطط التشغيلية		واضحة	الحاضر		البيئة الداخلية	الإدارة التشغيلية	تشغيلي وهي مدخلات للقرار التكتيكي	تشغيلية

هذا التحليل الذي يمكن تفصيله إلى مستويات أكثر لكل من المعلومات والقرارات والمستويات الإدارية تفيد في تحديد إطار أولي لعملية تحليل وتصميم النظم كما يفيد في توصيف احتياجات الإدارة الإستراتيجية التي ترتبط بهيكل خاص من الوظائف والأدوار ونمط معين من القرارات غير الهيكلية وغير البنائية وبالتالي تتكون مرحلة تحليل النظم من الخطوات أو الأنشطة الفرعية التالية:

1. تحليل احتياجات المستفيدين.
2. تحديد نواقص وعيوب النظام الحالي.
3. استكمال مستلزمات النظام.
4. تحديد القيود التقنية المادية والتنظيمية.
5. وضع مواصفات عامة للمخرجات.
6. تنظيم وجدولة ونمذجة المخرجات.
7. وضع مواصفات عامة للعمليات.
8. جدولة ونمذجة العمليات.
9. وضع مواصفات عامة للمدخلات.

10. تنظيم وجدولة ونمذجة المدخلات.

11. وضع مواصفات منطقية لقواعد البيانات. وصف قواعد البيانات.

12. وصف قواعد البيانات.

13. وصف الإجراءات "قواعد العمل والنشطة الدورية".

14. رفع تقرير عن مرحلة تحليل النظم وتوثيق المرحلة.

15.

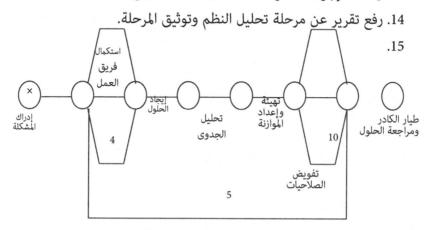

شبكة خطوات أو أنشطة مرحلة التحليل

4.   مرحلة تقيم النظم؟

تنقسم هذه المرحلة إلى قسمين من الأنشطة:

1.   التقييم المنطقي Logecal Design تجريدي عام.

2.   التصميم المادي Phisical Design بالتفصيل الممل.

1. التصميم المنطقي:

هو وضع التصورات والمفاهيم المنطقية للنظام قبل تشكيله وتنفيذه أي تجريد النظام منطقاً ورسم صورة نظرية ومنطقية عنه وعن نظمه الفرعية ومكوناته ووظائف كل نظام فرعي قبل تصميه وبناءه مادياً .

وتتكون مرحلة التصميم المنطقي من الأنشطة التالية:

1. تصميم المخرجات : والمخرجات هي معلومات ذات قيمة يقوم النظام بإنتاجها وتوزيعها على شكل تقارير ملخصات وثائق ملفات أو عرض مباشر ومفتوح ومن الضروري نمذجة المخرجات من حيث أنواعها وأشكالها وتوقيفها والجهات لتي تطلبها وتستفيد منها وعند تصميم المخرجات لا بد من تحديد ما يلي:

أ. تحديد المحتوى أي تحديد العناصر الأساسية للمخرجات ونوع البيانات المطلوبة.

ب. شكل المخرجات أي الشكل الذي ستعرض به المخرجات سواء كان عمودي هيكلي رسمي أو غير رسمي.

ج. تحديد حجم المخرجات أي تحديد كمية المعلومات ونوعيتها وهذا التحديد مهم لتأثيره على سرعة المعالجة وسرعة الاستجابة.

د. برمجة التوقيت أي تحديد التوقيت لكل نوع من أنواع المخرجات دوري شبه دوري شهري.

ه. تحديد الوسائط المستخدمة للمخرجات أي تحديد نوع الوسطية كالشاشات والأقراص والأوراق.

و. التنسيق بمعنى ترتيب عناصر المخرجات ووضع العنوان والعمدة وجداول والرسوم البيانية.

2. تصميم المدخلات ويقصد بالمدخلات كل البيانات الضرورية التي تدخل للنظام بهدف تحويلا بعد معالجتها إلى مخرجات " معلومات" وهذا يتطلب تحديد أشكال ونماذج البيانات وطرق الإدخال وإجراءات المراقبة والتدقيق وتوقيت دخول البيانات للنظام.

ومن العوامل المؤثرة في تصمم المدخلات:

1. تحديد نوع البيانات وأسماء الحقول وأنماطها وعدد وضوح السجلات والملفات.
2. تحديد وسائط الإدخال وشاشات العرض .

جدولة التوقيت الإدخال البيانات من مصادرها.

3. تصميم العمليات: وتعني تقديم وصف منطقي ونظري بأنشطة المعالجة الإلكترونية واليدوية معاً لتحويل مدخلات النظام من البيانات إلى مخرجات تتمثل في معلومات وتقارير مفيدة للإدارة.
4. قاعدة البيانات: وضع وصف منطقي لقاعدة البيانات والطريقة التي تنظم وتخزن فيها البيانات باستخدام وسائل حاسوبية ويدوية على أن يتم تحديد نوعية البيانات والطريقة التي يجري فيها تنفيذ أنشطة التحديث.

3.البرمجيات: تحديد مواصفات البرامج الخاصة بالنظام وطبيعة ونوعية

المعالجة وحدود ووظائف برامج التطبيقات المستخدمة.

4.عتاد النظام: ويتم وضع مواصـفات الأجهـزة المسـتخدمة لتشـكيل البينيـة الماديـة لنظام المعلومات.

5. توصيف وتصميم الإجراءات: أي تحليل الإجراءات الخاصة بالعمل. داخل المنظمة وتحديد المهام والواجبات المطلوبة من الكادر الإداري والفني والعلاقات بينهم وأين ومتى يتم تنفيذ هذه الأنشطة.

2. التصميم المادي أو الطبيعي:

يتم في هذه المرحلة نقل النظام من صورته المنطقية المجردة إلى شكله المادي من خلال تحديد المهام والواجبات والمواصفات التفصيلية بأجهزة الكمبيوتر البرمجيات وسائل الإدخال والإخراج والإجراءات اليومية وأنشطة المراقبة وتعتبر مرحلة التصميم الطبيعي استمرار لعمليات التحليل السابقة وبالأخص مرحلة التصميم المنطقي.

تتضمن مرحلة التصميم الطبيعي ما يلي:

أ.   التصميم المادي للمخرجات: حيث يتم تحديد

أ. أنواع وطبيعة التقارير وتوقيتها.

ب.   تحديد الطريقة المعيارية للتقارير ووقت الإعداد والاستلام والإخراج.

ج.   تحديد المعلومات التوضيحية والتفسيرية وباستخدام الأشكال البيانية.

2. التصميم المادي أو الطبيعي لقواعد البيانات:

قاعدة البيانات هي عبارة عن حزم من البيانات المنظمة ترتبط منطقياً مع بعضها في ملفات تخزن في وعاء افتراضي يسمى قاعدة البيانات أما حزم البرامج التي تتولى تنظيم وإدارة هذه القواعد فتسمى نظم إدارة قواعد البيانات ويتولى المبرمج كتابة برامج التطبيقات بإحدى اللغات الخاصة بقواعد البيانات.

عند تصميم قاعدة البيانات يتم تحديد وتنظيم الملفات وحجمها وتحديد سجلات كل ملف ومعدل استخدام كل ملف والعلاقات بين السجلات والمعدل الزمني وتكلفة التحديث والاسترجاع والتصفية والفرز.

3. تصميم عمليات المعالجة واختيار البرامج المستخدمة:

حيث يتم تحديد ما يلي:

أ. برنامج التشغيل.

ب. برامج التطبيقات.

ج. نوع المعالجة الحاسوبية.

د. توصيف البرامج لفرز سجلات الملف الرئيسي.

4. التصميم المادي للمدخلات:

حيث يتم تصميم نماذج الإدخال وطريقة تسجل البيانات وتحديد الوسائط التي يتم تجميع نماذج الإدخال فيها وعند تصميم نماذج المدخلات يجب أن تراعى الاعتبارات الخاصة بعدد النسخ اللازمة من النموذج، عنوان النموذج، كما يجب تحديد الإجراءات الخاصة بتدقيق المدخلات لتقليل احتمال الوقوع بالخطأ.

5. تصميم المراقبة: وهنا يتم تحديد ما يلي:

أ. نوع التكنولوجيا والإجراءات المستخدمة لضمان تنفيذ الأنشطة

ب. تحديد الطريقة التي تعمل بها أنشطة المراقبة.

ج. تحديد المعايير المستهدفة والمقاييس الموضوعة لتقييم النتائج.

الأنشطة: "ملخص مرحلة التصميم".

1. البدء بتحديد التصميم المنطقي للنظام.
2. تحديد المواصفات التشغيلية.
3. اختيار الخوارزميات.
4. تحديد مواصفات البرمجة.
5. تحديد مواصفات السيطرة النوعية.
6. تصميم المخرجات بصورة مفصلة.
7. تصميم أنشطة المعالجة "نوع الأجهزة نظام التشغيل، البرامج الجاهزة".
8. تصميم المدخلات.

9. لتصميم المادي لقواعد البيانات.

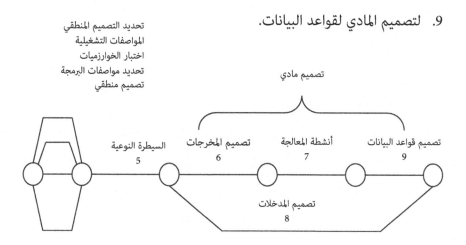

شبكة أنشطة مرحلة التصميم

4. مرحلة التطبيق:

تضم مرحلة التطبيق حزمة من الأنشطة الفرعية المتكاملة التي تبدأ بنشاط وضع خطة التطبيق وتدريب المستفيدين وكادر النظام وكتابة البرمجة ونصب الأجهزة والمعدات وتحميل البرامج وتشغيل النظام كما تتضمن مرحلة التطبيق الأنشطة الخاصة بإعداد الإجراءات

التفصيلية وتصميم دليل شامل واستكمال إجراءات التغيير الضرورية لعمل نظام المعلومات الجديد.

خطوات مرحلة التطبيق:

1. خطة التطبيق: وتتضمن خلاصة بمواصفات النظام وهي عبارة عن خطة عملية وواقعية تتضمن جدولة الأنشطة والموارد والمستلزمات المطلوب توفيرها لضمان سلامة التطبيق كما تشمل على برنامج شامل لتدريب الكادر الفني والإداري للنظام أو المستفيدين بصورة عامة.

2. البرمجة: نشاط البرمجة يتطلب نشاط جماعي كبير وواسع لاستخدام الأدوات البرمجية المتاحة والتي تختلف حسب نوع النظام ودرجة تعقيده ونشاط البرمجة هو عمل أكثر شمولاً يتطلب واجبات التطبيق والاختبار وتصحيح الأخطاء وبعد الانتهاء من نشاط البرمجة يجب إعداد تقرير البرمجة الذي

يصف هدف البرنامج والمهام التي يقدمها للمستفيد ومواصفات البرنامج مع نماذج للمدخلات والمخرجات.

3. نصب الأجهزة والمعدات "عتاد النظام": يجب تحديد إذا كانت الأجهزة الحالية بالنظام كافية أم أن هناك حاجة لأجهزة جديدة ويجب تهيئة البيئة المناسبة لعمل النظام ضمن معايير نوعية عالمية من حيث التهوية والرطوبة والتأثيث والسلامة الأمنية.
4. تحميل البرامج حيث يتم تهيئة البرمجيات وتحميلها على الأجهزة والتأكد من سلامة تشغيلها وحماتها من أخطار الفيروسات أو أي شكل من أشكال الاعتداد والانتهاك للبيانات والمعلومات.
5. تشغيل النظام وهنا يتم إعداد دليل يضمن سلامة التحول إلى الإجراءات الجديدة الضرورية لعمل نظام المعلومات الجديد من أجل تشغيله ومراقبته والسيطرة الكفئة والفعالة على عمليات وهذا الدليل يسمى دليل الإجراءات والسياسات.

أنشطة مرحلة التطبيق:

1. تحديد خطة التطبيق.
2. تدريب الكادر على الأجهزة والبرمجيات الجديدة.
3. كتابة البرامج الرئيسية.
4. تكملة إعداد دليل النظام.
5. تهيئة البرامج وتحميلها على عتاد النظام.
6. استكمال شبكة الاتصال.
7. التشغيل التجريبي للنظام.
8. توثيق مرحلة التطبيق.

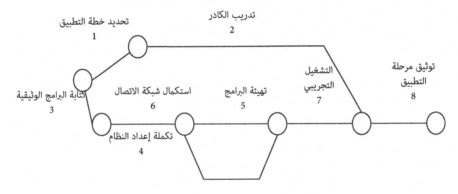

5. **مرحلة الاختبار:**

تتصل مرحلة الاختبار بسلسلة متكاملة من الأنشطة الخاصة بفحص وقياس نوعية الأداء العام لنظام المعلومات الذي يوضع موضع التنفيذ أو التشغيل التجريبي لمعرفة درجة ونوعية استجابة النظام لحاجات ومتطلبات المستفيد.

وتتضمن عملية الاختبار أربع مستلزمات أساسية:

1. اختبار المكونات: وهنا يتم فحص أجزاء ومكونات النظام من حيث كفاءة البرامج والأجهزة والقدرة على الإنجاز لأن اكتشاف الأخطاء أو العيوب والمشاكل الأخرى هو أسهل في هذا المستوى البسيط والمحدود وهذا يؤدي على سهولة عزل الأخطاء وتحديد نطاق تأثيرها.

2. اختبار الوظائف: وتتضمن فحص وتدقيق كل وظيفة من الوظائف الأساسية للنظام الفرعي مثل فحص وتدقيق الوظائف المالية والحسابية التي تؤدي من قبل النظم الفرعي المالي.

3. اختبار النظم الفرعية: وهو مستوى أكثر شمولاً وأقل تفصيلاً حيث يتم تدقيق وفحص أداء كل نظام فرعي من حيث كفاءة وظائفه ومكوناته الأصغر مع ضرورة التركيز الاستثنائي على نشاط اختبار وفحص الطبيعة التكاملية لعمل النظم الفرعية التي يتشكل منها النظام.

4. اختبار النظام ككل أو على المستوى الكلي: وفي هذه المرحلة تستكمل الصورة النهائية للنظام ولدرجة كفاءته وفعاليته في أداء النظام المالي: كما يتم التأكد من استيفاء النظام للمعايير الموضوعية عند التشغيل ومقارنتها بنتائج الأداء الفعلي للكشف عن نقاط الخلل في المدخلات المعالجة المخرجات.

أنشطة مرحلة الاختبار:

1. اختبار المكونات.
2. اختبار الوظائف.
3. اختبار النظم الفرعية.

4. اختبار النظام ككل.

5. اختبار البرمجيات.

6. اختبار كفاءة الأجهزة.

7. اختبار قواعد البيانات.

8. توثيق مرحلة الاختبار.

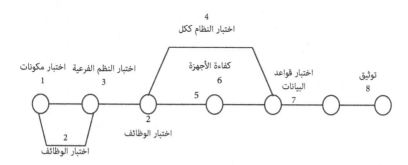

شبكة أنشطة مرحلة الاختبار:

6. مرحلة التحويل:

وهي المرحلة التي يتم فيها التحول النهائي والشامل من النظام القديم إلى نظام المعلومات الجديد وذلك باختبار إستراتيجية التحول الملائمة للنظام والمنظمة وتستكمل في هذه المرحلة كل إجراءات التحول

في النماذج الملفات البرمجيات وقواعد البيانات والتي تحل محل سابقتها ومن بينه الأنشطة الجوهرية من مرحلة التحول ما يلي:

1. وضع خطة عملية وواقعية للتحول مـن نظـام معلومـات قـديم إلى نظـام المعلومات الجديد وتشمل هذه الخطوة على :

أ. تحديد الأهداف.

ب. تحديد إستراتيجية التحول.

ج. تطبيق الإستراتيجية.

د. تهيئة الظروف المناسبة لضمان تحقيق عملية التحول بنجاح.

2. استكمال تحويل الملفات وبالفترة الزمنية المحددة بخطة التحويل.

3. المفاضلة والاختبار بين استراتيجيات التحول إلى النظام الجديد.

استراتيجيات التحول:

1. إستراتيجية التحول الفردي:

حيث يتم التخلي عن نظام المعلومات القديم دفعة واحدة ويوضع النظام الجديد موضع التشغيل مباشرة وفي وقت محدد هذه

الإستراتيجية تعقد على الصدمة كونها تتضمن القطع المباشر والتخلي عن نظام المعلومات الحالي مرة واحدة وتستخدم هذه الإستراتيجية في حالة وجود صعوبة كبيرة في تجزئة النظام إلى مراحل عديدة أو عندما يوجد ضغط شديد من قبل المستفيدين لتصميم نظام معلومات جديد يلبي حاجاتهم ومن مزايا هذه الإستراتيجية منع

أ. ازدواجية العمل.

ب. تحقيق وفورات اقتصادية كبيرة للمنظمة والمشكلة الجوهرية لهذه المنظمة هو أسلوب الصدمة عن إحداث التغيير مما يؤدي لظهور مقاومة شديدة من الأفراد العاملين وعدم إعطاء المستفيدين الفرصة الملائمة والوقت الكافي لإشراكه عملية تخطيط وتحليل وتصميم النظام .

2. إستراتيجية التشغيل المتوازي:

حيث يتم تشغيل النظام الجديد مع استمرار العمل بالنظام القديم ولفترة من الزمن إلى أن يصل النظام الجديد لمستوى جيد من الكفاءة والموثوقية والاعتمادية وعندها يتم التخلي عن النظام القديم .

3. إستراتيجية الإحلال التدريجي:

حيث يتم إحلال النظام الجديد بصورة تدريجية إلى أن يتم استكمال أنشطة تصميم وتشغيل النظام الجديد حيث تمارين جزء من الوظائف من قبل نظام المعلومات الجديد في حين يستمر العمل بالنظم القديم الذي يتولى انجاز الوظائف الأخرى، وهكذا حتى يتم استكمال نظام المعلومات الجديد.

ملخص الأنشطة لعملية التحويل:

1. وضع خطة التحويل.
2. اختبار إستراتيجية التحويل.

3. استكمال التحول للنظام الجديد.

4. تحويل الملفات وتدريب الكادر.

5. جدولة عمليات النظام الجديد.

6. تطوير ورقابة المؤشرات الحرجة.

7. استكمال واجبات البرمجة.

8. تقديم تقييم عن المرحلة وتوثيقها.

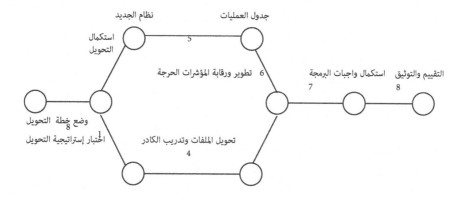

شبكة أنشطة مرحلة التحويل:

7. مرحلة التشغيل والتقييم:

في هذه المرحلة تنتقل مسؤولية إدارة النظام من فريق تطوير المشروع إلى إدارة النظام لتتولى بصورة مباشرة مهام التشغيل والتقييم

وتوجد عدة أساليب لتقييم نظام المعلومات تقييماً مباشراً على المدى الطويل أو المدى القصير والذي يعتمد على إجراء مقارنة بين التكاليف الفعلية والمنافع المنظورة.

مقارنة بين التكاليف والمنافع:

التكاليف	المنافع
1. تكلفة الأجهزة والمعدات	1. زيادة الإنتاجية وخفض التكاليف التشغيلية.
2. تكلفة شبكة الاتصالات	2. خفض نفقات العمل اليدوي
3. تكلفة البرمجيات	3. خفض نفقات الكمبيوتر
4. نظام التشغيل	4. تحسين النوعية وخفض نفقات الإدارية
5. تكلفة تدريب الأفراد	5. السرعة في حل المشكلات

المنافع غير المنظورة:

1. تطوير نوعي في عمليات صياغة الاستراتيجيات وتحسين للقرارات الإستراتيجية والتكنيكية.
2. اكتساب الميزة التنافسية.
3. التحسين النوعي المستمر لمنتجات وخدمات المنظمة.
4. نجاح المنظمة في إعادة هندسة العمليات وتطبيق إدارة الجودة الشاملة.
5. المساعدة في صياغة وتشغيل ثقافة تنظيمية قوية.

خطوات مرحلة التشغيل والتقييم: (الانشطة):

1. التشغيل النهائي للنظام.
2. تحديد معايير التقييم للنظام.
3. تنفيذ خطة الرقابة والسيطرة النوعية.
4. وضع خطط الأمن والحماية للنظام.
5. تقييم ردود فعل المستفيدين.

6. تقييم عمليات النظام.

7. مقابلة تحليل وتحديد احتياجات المستفيدين الحاليين والجدد.

8. توثيق النظام.

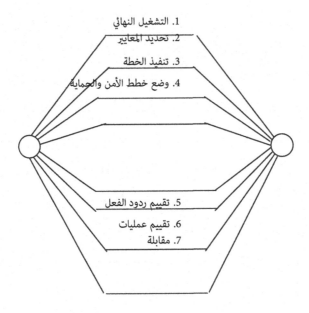

1. التشغيل النهائي
2. تحديد المعايير
3. تنفيذ الخطة
4. وضع خطط الأمن والحماية

5. تقييم ردود الفعل
6. تقييم عمليات
7. مقابلة

شبكة أنشطة مرحلة التشغيل والتقييم

ثانياً: منهجية التصميم الهيكلي:

وهي منهجية تستخدم لتصميم النظم حيث يتم في ضوئها تحليل النظام موضع التصميم والبرمجة من أعلى مستوى إلى أدنى مستوى وهي منهجية تشعيب النظم منطقياً ومادياً لنظم فرعية ومكونات أصغر أي تفكيك النظم الكبيرة إلى نظم فرعية والنظم الفرعية إلى نظم فرعية أصغر وهكذا ومن مزايا هذه المنهجية ما يلي:

1. توفير مرونة في التصميم وسهولة في الفهم.
2. تبسيط إجراءات الرقابة والتطوير والتعديل.
3. سهولة الكشف عن الأخطاء وتصحيحها.
4. تبسيط نظام المعلومات المعقد إلى وحدات تركيبية سهلة التحليل.
5. سهولة برمجة الوحدات التركيبية بشكل مستقل عن الوحدات الأخرى.
6. ضمان توفير معدلات عالية من الكفاءة والفعالية.

أما شروط تطبيق التصميم الهيكلي فهي:

1. وجود وصف تفصيلي للنظام والمشكلات التي يواجهها.
2. تحليل شامل البيئة العمل الداخلية والخارجية.
3. استخدام أسلوب التحليل من أعلى إلى أسفل.
4. تحديد احتياجات المستفيدين بصورة تفصيلية ومقارنتها للنظام.

ثالثاً: البرمجة الهيكلية:

البرمجة الهيكلية: هنا يتم وضع برامج للنظام بر مستويات متعددة أو يساعد هذا الأسلوب في تحديد مواصفات البرامج للنظام والنظم الفرعية التي يحتويها وكذلك للمكونات والعناصر الصغيرة ومدخل البرمجة الهيكلية هو مدخل لتصميم البرامج حيث يستخدم ثلاث أنواع من الهياكل في مخططات تدفق البرنامج وهذه الهياكل هي:

أ. الهيكل التتابعي: هو أبسط أنواع الهياكل الذي يستخدم للمعالجة التتابعية المتتالية Sequence structre.

ب. الهيكل الشرطي: ويستخدم لاختبار الشرط وتنفيذ أمر واحد من أمرين استناداً على الحالة Condition truture

ج. الهيكل الحلقي: اللولبي يقوم بتنفيذ التعليمات طالما أن الحالة أو الشرط صحيح Loop Structure.

Sequence   Condition   Loop

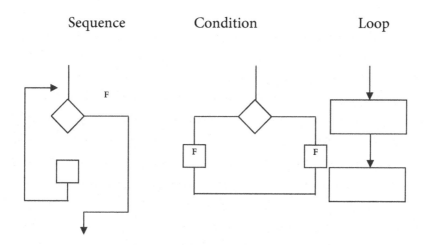

أشكال الهياكل التتابعي – الشرطي – الحلقي

الوحدة الرابعة

تقنيات تحليل وتصميم نظم المعلومات

تقنيات تحليل وتصميم نظم المعلومات

1. مخططات تدفق الوثائق.
2. مخططات تدفق البيانات.
3. مخططات الكينونة والعلاقة.
4. قاموس البيانات.
5. خرائط البرامج (مخططات Hipo+Ipo+VTO).
6. جداول القرارات وشجرة القرارات.
7. الترميز الكاذب.
8. خرائط الهيكل.

هنالك عدة تقنيات في عملية تحليل وتصميم النظم وهي عبارة عـن أدوات تحليلية تساعد في فهم العلاقات المادية والمنطقية بين النظام ككـل ونظمـه الفرعيـة والفرعية الأصغر والمكونات وتدفق الوثائق كما تصف هـذه الأدوات كـل العمليـات الرئيسية والفرعية المحوسبة واليدوية وأولى هـذه الأدوات هـي مخططـات تـدفق الوثائق.

أولاً: مخططات تدفق الوثائق:

يستخدم محلل النظم مخططات تدفق البيانات لتمثيل حركة البيانات والعمليات داخل النظام ويتم التمثيل من بعدين رئيسين هما:

أ.   التمثيل المادي.

ب.   التمثيل المنطقي.

حيث يستخدم التمثيل المادي في وصف حركة الوثائق والتقارير وهو يدعى بمخطط تدفق الوثائق Decument flow diagram كما يعمل التمثيل المادي على نقل صورة وحركة البيانات إلى صورتها وحركتها المنطقية ولهذا تعتبر مخططات تدفق الوثائق مرحلة أولية لرسم مخططات تدفق البيانات المنطقية وهذه المخططات تعتبر أداة موثوقة في يد محلل النظم الذي يحتاج لمعرفة من أين تصدر الوثائق وإلى أين تذهب وماذا تدعى وعادة يطلق على مصدر انتهاء أو استلام الوثائق بمصطلح Agencie.

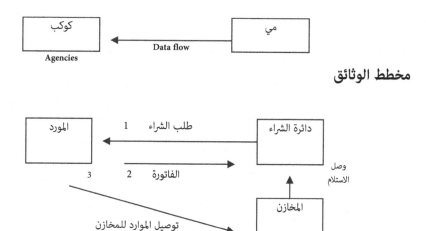

مخطط الوثائق

ثانياً: مخططات تدفق البيانات: DFD (Data flow diagram)

وتفيد في تحديد تدفق البيانات وتحديد بينـه النظـام ونظـم الفرعيـة وبـين النظام والنظم الأخرى كما تفيد في توثيق وتحليل عملية التحليل والتصميم المنطقي لنظم المعلومات وتوضح هذه المخططات كيف وإلى أيـن تتجـه البيانـات ومـن أيـن تبدأ سواء داخل نطاق النظام أو خارجه وترسم خرائط أو مخططات تدفق البيانات على أساس تقسيم النظام ككل واحد إلى مسـتويات متعـددة تبـدأ بـأكثر المسـتويات تجريداً

إلى أكثر مستوى من التفاصيل الخاصة بوصف إجـراءات ومسـارات تـدفق البيانات.

وتتكون خرائط تدفق البيانات من الرموز التالية:

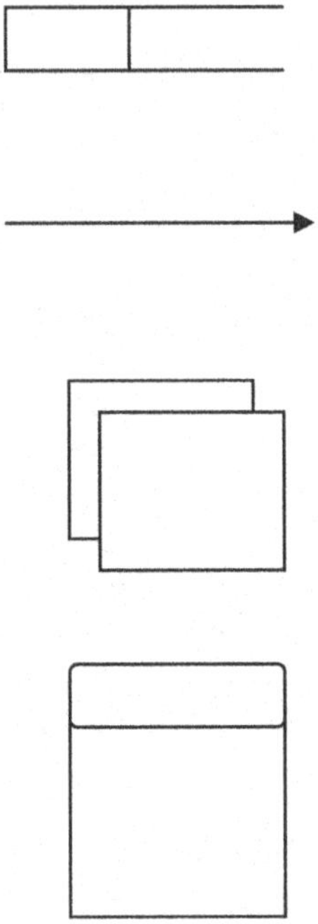

Data Store

Data Flow   تدفق البيانات

Entity   الكينونة

Process   عملية

ويتم تمثيل تـدفق البيانـات بـالرموز المـذكورة في كـل مرحلـة مـن مراحـل التدفق لحركة البيانات تحت المعالجة الالكترونيـة أو اليدويـة وتفيـد خـرائط تـدفق البيانات في:

1. تجزئة العملية المعقدة.

2. لتجميع ومعالجة البيانـات إلى مسـتويات أكـثر تبسـيطاً وتفصـيلاً وذلـك مـن خلال.

3. تجزئة النظام إلى مستويات متعددة.

● **مثال:**

ارسم مخطط تدفق البيانات لنظـام حجـز في الطيران حيـث يقـوم المسـافر بتقديم طلب لحجز مقعد للسفر ثم إلى نظام حجز خطوط الطيران في وكالـة السـفر التي تقوم بدورها بالتأكد نم الخطوط المتوفرة للطيران.

الحل:

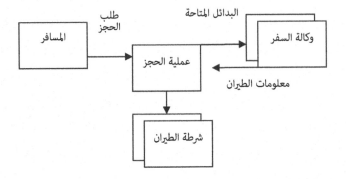

مثال:

إذا افترضنا أن شخص مـا بصـدد قراءة كتـاب بحيـث يقـوم هـذا الشـخص باتصال بصديق لإخباره بموضوع الكتاب.

الحل:

1. التحليل:

عملية القراءة هي العملية التي ستتم لفهم محتوى الكتاب.

الكتاب: يمثل مكان لخزن البيانات والمعلومات.

2. الرسم.

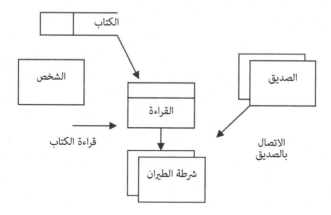

● ملاحظات حول مخطط تدفق البيانات:

1. في حال وجود رقد داخل مربع العملية فهو يشير إلى عـدد الملية في المخطط أما الشكل الذي يرمز للعملية فيحتوي عـلى وصـف دقيـق ومـوجز بمضـمون العملية على أن يبدأ هذا الوصف بفعل الأمر مثل مثال الحجر للطيران.

أما في حال زيادة عدد العمليات عن سبعة لا بد من إعادة النظر بالعمليات والقيام بدمج الوظائف.

2. أما بالنسبة للمخزن فيعبر عنه بمسـتطيل مفتـوح يحتـوي عـلى مربـع صـغير يسار المستطيل يشير على عنوان المخزن والذي قد يكون

محوسب أو يدوي وعندما يستخدم المخزن أكثر مـن مـرة يجـب الإشـارة إلى
ذلك من خلال وضع خط ثاني مزدوج إلى يسار المستطيل.

3. أما بالنسبة للكينونة فهي مصدر أو نقطة انطلاق ووصول البيانات وهـي قـد
تكـون شـخص أو مجموعـة أفـراد أو قسـم أو منظمـة كاملـة بحيـث يكتـب
تعريف الكينونة ووصف بها داخل رمز الكينونة.

وعنـدما يـتم جـدول متكـرر للكينونـة يـتم وضـع خـط مـزدوج إلى يسـار
الكينونة.

4. أما الأسهم فتمثل تدفق البيانات بين الكينونات والعمليات.

كيف يتم رسم مخطط تدفق البيانات؟

نبدأ بالمخطط العام أو المخطط الصفري والذي يصف الكينونات والتدفقات
الرئيسية للبيانات والتي ترتبط بالنظام والمستوى الصفري للمخطط لا يحتـوي عـلى
مخازن لأن الهدف الجوهري من النموذج هو تقديم تصوير لإطار عـام لبيئـة عمـل
النظام وهو يمثل أعلى مستوى

موجود بالنظام وحتى نرسم المخطط العـام يجـب أن نحـدد أولاً العمليـة الأساسية التي يوضع في رمزها اسم النظام.

نرسم الكينونات الخارجية التي تعتبر مصدر معلومات عـلى يسـار النمـوذج أما على اليمين فتوضع الكينونـات التـي لهـا ارتبـاط أو تبحـث تسـتقبل المعلومات وخطوط التدفق تربك الكينونات الخارجية بالعملية.

مثال:

لنفترض أن هناك نظام المراقبة المخزون يقـوم بمعالجـة المعـاملات المخزنيـة التي تصله من المخازن بالكمية والقيمة وتزويـد إدارة الشـراء بتقـارير مـوجزة هـذا الغرض.

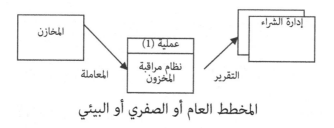

المخطط العام أو الصفري أو البيئي

مثال (2):

توجد شركة لتأجير أشرطة وأجهزة فيديو اسـمها فيجـا فيـديو Mega video
تبدأ نشاط الأجير بانضمام المستفيد إلى عضوية نادي الفيديو بحيث لا بد أن يحمـل
العميل أو العضو بطاقة ائتمان باسمه شخصياً فيأتي العميل أو المسـتفيد إلى الشركة
يقوم بتعبأة نموذج الشراء ثم يذهب إلى أمين الصندوق للحصول عـلى بطاقـة ودفع
المبلغ المطلوب ومن ثم إدخال المعلومات إلى الحاسوب لفـتح حسـاب للعميـل بعـد
ذلك يستطيع العميل أن يذهب للحصول على أشرطة الفيديو التي يريدها.

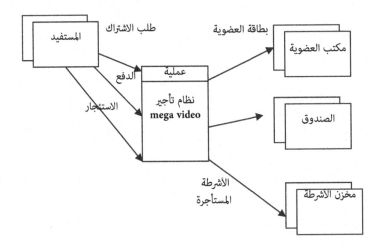

المخطط الصفري أو العام أو البيئي

المستوى الأولى

لمخطط تـدفق البيانـات فيسـمى First level explosion وهـو مسـتوى إخباري وصفي وتفصيلي أكثر من المخطط العام بحيـث أن رسـم هـذا المخطط أمـر أكثر صعوبة ويتطلب إجراء عـدة محـاولات لحـين الانتهـاء مـن وضع الصـورة بكـل تفاصيلها خاصة وأن تدفق البيانات يجب أن يبدأ من اليسـار إلى اليمـين ومـن أعـلى إلى أسفل كما أن هذه المخططات تضم عمليات تحدث بصورة مترادفة.

مثال(1):

المثال التـالي يمثـل مخطـط عـام لنظـام رقابـة الميزانيـة حيـث هنـاك ثـلاث كينونات رئيسية الأقسام، الإدارة، المـوردين بحيـث تعتبـر هـذه الكينونـات كينونـات خارجية.

تقوم الإدارة باستلام طلبات الموافقات الخاصة لتخصيص مبالغ الميزانية.

والإجابة على هذه الطلبيات بينما تعطي الأقسام طلـب بالإنفـاق وتسـتقبل رفض أو إجابة الطلب إضافة على توصيات أما الموردين أو المجهزين فيسـتلمون مـن النظام طلبات مقابل إعادة مذكرات أو فواتير توزيع هذه الطلبات.

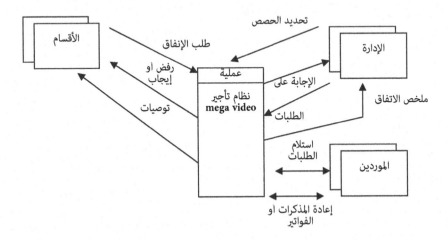

المستوى الصفري لمخطط تدفق البيانات

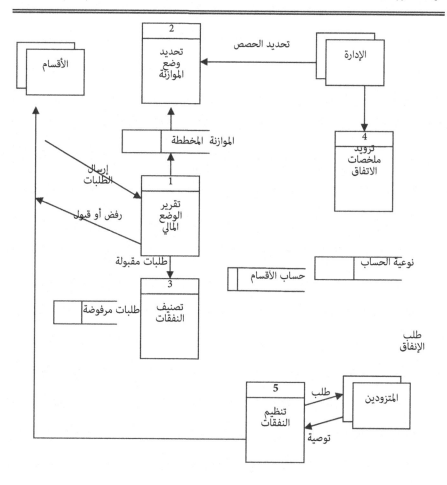

المستوى الثاني:

المستوى الأعلى فهو يشمل على توسيع أكثر وتفاصيل أكبر للنظام وهنا يجب أن يراعى ترقيم العمليات بشكل أكبر.

مثال(2): تكملة مثال نظام مراقبة المخزون:

لنفـترض أن نظـام مراقبـة المخـزون يقـوم بعمليتـين فـرعيتين هـما عمليـة التحديث وعملية إعداد التقارير.

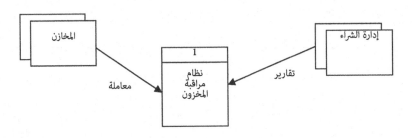

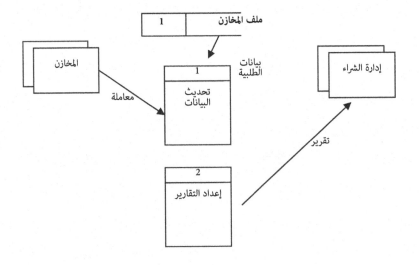

المستوى الصفري:

المستوى الأول:

وانقسمت العملية رقم (1) إلى ثلاث عمليات فرعية هـي قـراءة المعـاملات تحديث المخزون وإعداد الطلبة.

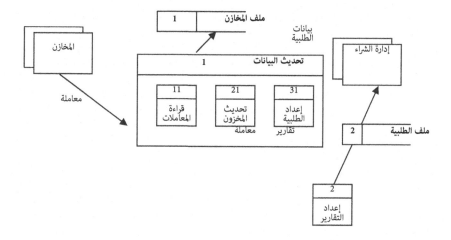

المستوى الثاني

مثال (3) تابع المثال تأجير أشرطة التغيير:

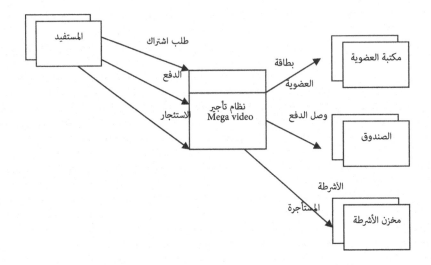

المستوى الصفري

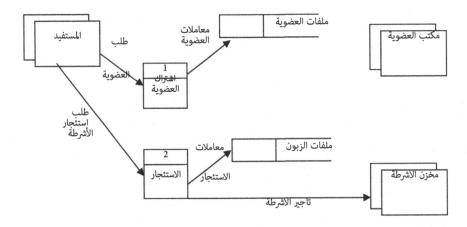

المستوى الأول:

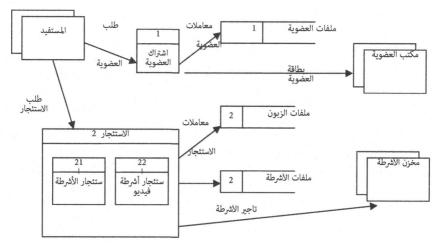

المستوى الثاني:

وتعتبر أشكال DFD مخططات منطقية جيدة لعرض وتوثيق عمليات تدفق ومعالجة البيانات وباتجاهات مختلفة أهمها:

1. توثيق التدفقات بين عمليتين.
2. توثيق التدفقات بين تخزين البيانات وعملية.
3. توثيق التدفقات من عملية إلى تخزين بيانات.
4. توثيق التدفقات من كينونة إلى عملية ومن عملية إلى كينونة خارجية.

ما هي فوائد مخططات تدفق البيانات؟

تساعد مخططات تدفق البيانات محل النظم في تحديد وتحليل احتياجات فالمستفيدين من خلال متابعة دراسة اتجاه تدفق البيانات ونقاط المعالجة الرئيسية لها واتجاه حركة المخرجات من معلومات وغيرها في سياق وجود عمل النظام، إضافة إلى ذلك تحقق خرائط تدفق البيانات الفوائد التالية:

1. تساعد في تمثيل حركة واتجاه تدفق البيانات والمعلومات مما يساعد في تصميم النظام تقنياً وتشغيله بأقصى كفاءة.
2. تحقيق فهم أكبر للنظام ولعلاقاته بالنظم الأخرى في الخارج وفهم لطبيعة العلاقات التكاملية والتفاعلات المتبادلة بين نظمه الفرعية من جهة وبينه النظم الفرعية والنظام الكلي من جهة أخرى.
3. العمل على تحقيق اتصال جيد بالمستفيدين من خلال تمثيل ووصف تدفقات البيانات النماذج.

4. توفير فرصة أكبر لاشتراك المستفيدين في عملية تحليل وتصميم النظم.

5. أما الفائدة الأكثر تأثيره على عملية تحليل وتصميم النظم والتي تقدمها خارطة تدفق البيانات هي إعطاء صرة شاملة وبسيطة عن النظام موضوع التحليل بأبعاد مهمة تتلخص بتحديد مصدر البيانات (الكينونات نقاط المعالجة (العملية) ومكان التخزين ونقاط الخزن واتجاهات تدفق البيانات والمعلومات.

مثال (4):

ارسم مخطط عام لنظام تسجيل الطلاب على مواد الكلية حيث يتعامل النظام مع الطلاب الذين يتقدمون بطلب التسجيل كما يتعامل النظام مع المرشد للتأكد من قائمة المواد المطروحة إضافة على قسم التسجيل الذي يعمل على طرح المواد.

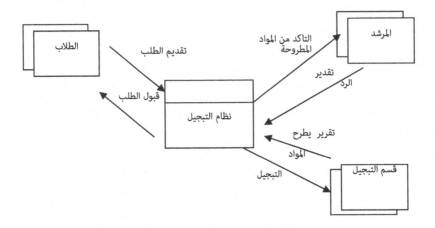

النموذج الصفري أو المخطط العام

ثالثاً: مخططات الكينونة والعلاقات:

هي من الأساليب التقنية التـي يسـتخدمها محـل الـنظم لتمثيـل العلاقـات
والكينونات حيث ينظر محلل النظم إلى منظمة الأعمال على أنها تركيب مرتـب مـن
الكينونات ترتبط مـع بعضها بعلاقـات متنوعـة ومتغيـرة وبالتـالي تعتـبر مخططـات
الكينونة والعلاقات ذات فائدة عظمى لتمثيلها المنطقي لحركة البيانات والمعلومـات
من وإلى المنظمة.

تعريف المصطلحات الأساسية:

الكينونة: هـي عبـارة عـن أي معطـى موضـوعي أو ذاتي كشيء أو كحـدث وبالتالي قد تكون الكينونة شخص (زبون، منتج، أمـر بشراء، بـائع، شـاحن، قبض أو دفع، مواد منتجة، سلع).

والبعد المهـم في كـل كينونـة هـو نوعهـا وصـفاتها أو بـدون تحديـد للنـوع والصفات لن تحتوي الكينونة على أي بيانات مهمة.

خصائص الكينونات:

مزايا الكينونـة كخصـائص (كصفات) تصف الكينونـة، أو تصف مـا تريد تخزينه فإن كل عنصر وخاصية تعتبر في الواقع عـن حقـل محـدد في سجل وبنفس الطريقة التي تبني بها قواعد البيانات والشكل التالي يعبر عن كينونة الزبون.

نوع الكينونة الزبون:

مميزاتها:

الاسم:

العنوان:

رقم الهاتف:

العمر:

الوضع المادي:

رمز بطاقة الائتمان"

العلاقات: ترتبط الكينونات بصلات تسمى العلاقات ولها أنواع هي:

أ. 1:1   M:1   M:M   1:M

العلاقة الاستثنائية:

وتستخدم خريطة العلاقة والكينونة (ERM) مـن قبـل محلـلي ومصـممي النظم للمساعدة في نمذجة البيانـات وقاعـدة البيانـات وتحليـل العلاقـات وتمثيلهـا وحتى يستطيع ذلك محلل النظم لا بد من توفر التالي:

1. معرفة بالكينونات الموجودة بالنظام.

2. اختيار الكينونات الرئيسية لتحديد حدود المشكلة.

3. وصف بخصائص كل كينونة.

4. التأكد من صحة العلاقات بين الكينونات الموجودة في النظم من خـلال طـرق الاستقصـاء كالمقـابلات والاسـتبيان والملاحظـة والنمذجـة وغيرهـا Entitiers
Relationships ERM

أمثلة رسم الكينونات:

1. طبيب واحد قد يكون لديه مواعيد مع مريض أو أكثر من مريض كما أن المريض الواحد قد يكون لديه موعد مع طبيب أو أكثر من طبيب هناك العلاقة هي M:M
2. المحاضر الجامعي قد يكون مسؤول عن رسالة طالب جامعي واحد أو أكثر من طالب مع ذلك المشرف قد لا يكون مسؤول عن المشروع والمحاضر قد يشرف على عدة مشاريع لا يتم رعايتها

هنا العلاقة 1:M:

مثال: لنفترض أن هناك عميل لدى البنك ما يحتاج لمعرفة مصاريفه خلال الشهر الماضي "مصاريفه على بطاقة الائتمان" فهو بحاجة على أما فواتير عن كل عملية شراء وهي بحاجة إلى كشف حساب نهاية كل شهر ولا يمكن للعميل الحصول على كل الفواتير وكشف الحساب فإما أن يحصل على الفاتورة وإما أن يحصل على كشف الحساب.

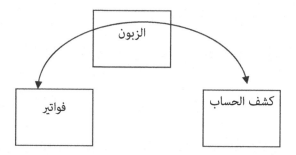

مثال:

لنفترض أن لدينا خمس كينونات "الطلب، التخمين، نوع السلعة، تصنيف السلعة، الزبون".

1. كل تقدير أو تثمين يؤدي إلى طلب.
2. يحصل التقدير من قبل المستهلك الزبون.
3. كل تثمين أو تقدير يشير إلى سلعة معينة وكل سلعة تتبع صنف معين.

هذه الأسس تعطي صورة تبسيطية مباشرة لفهم العلاقة بين الكينونات حيث يتم تقدير قيمة سلعة أو شيء معين يؤدي على ظهور طلب لهذه السلعة.

1. كل زبون قد يصدر عنه تقدير أو تثمين أو عـدة تقـديرات. العلاقـة هـي M: one to many.

2. يمكن أن يصدر عن المستهلك طلب واحد للشراء أو عدة طلبات. العلاقـة هـي one to many 1:m

3. التثمين طلب واحد يصدر عنه. العلاقة 1:1

4. العلاقة بين التثمين والسلعة

قد تكون 1:1 كل تثمين يوجه لسلعة واحدة.

قد تكون 1:M كل تثمين يصدر عنه عدة سلع.

قد تكون m:m تثمينات يصدر عنه عدة سلع.

5. العلاقة بين الطبي والسلعة نفس 4.

1. العلاقة بين السلعة وصنف السلعة.

العلاقة هي one to many 1:m

سؤال:

طلب شراء واحد يشير إلى سلعة أو أكثر من سلعة وكل سلعة قد تطلب من أمر شراء واحد أو عدة أوامر.

العلاقة هي m:m   one to many

سؤال:

أحد الأندية له مجموعة من الأعضاء حيث يشترك العضو في نادي واحد والنادي لديه عدة أعضاء.

العلاقة هي: 1:M   one to many

سؤال:

الموظف يوظف في شركة معينة تحوي عدد موظفين

العلاقة هي: 1:M   one to many

سؤال:

الطالب يجب أن يدرس تخصص واحد والتخصص يحوي عدة طلاب.

العلاقة هي: 1:M   one to many

التخصص الواحد فيه عدة مدرسين والمدرس قد يدرس عدة تخصصات.

العلاقة هي: M:M   many to many

المدرس لديه عدة محاضرات والمحاضرة الواحدة فيها مدرس واحد

العلاقة هي: 1:1   one to one

مثال:

غرفة الفندق قد تحوي عدة خطوط للهاتف ولكن الغرفة الواحدة قد لا تتبع لأي خط فرعي. لا توجد علاقة.

العلاقة هي: 1:M   one to many

رابعاً: قاموس البيانات (D.D):

يعتبر قاموس البيانات دليل مرجعي لمحلل النظم كونه يحتوي على بيانات مهمة له أثناء عملية تحليل وتصميم النظم ونقطة الانطلاق في جمع مفردات القاموس هي مخططات أو خرائط تدفق البيانات حتى يضم قاموس البيانات تعريف لكل تدفق يظهر في نماذج تدفق البيانات ويقوم محلل النظم عند إعداد القاموس بتقسيم البيانات إلى عناصره وتنمية كل عنصر ــ وتحديد مساحته وشكل تنسيقه وعند جمع مفردات القاموس يجب على محلل النظم أن يدرك أن تباين ألفاظ المصطلحات لا يعني تباين معاني البيانات وبدون إدراك هذه الحقيقة لا يمكن اعتبار قاموس البيانات لقالب يحدد ومعايير ومعاني البيانات للغة قياسية موحدة وثابتة ومفهومة للجميع.

البيانات التي يحتويها القاموس:

قاموس البيانات يحتوي على البيانات بفئاتها المختلفة وهي:

1. اسم ونوع عنصر ومفردة البيانات.
2. وصف بمفردة البيانات.
3. تحديد العلاقة بين مفردات البيانات.
4. الطول المسموح به للمفردة من الأحرف.
5. حجم أو نطاق مفردة البيانات.
6. معلومات خاصة بتنسيق البيانات.

كيفية بناء قاموس البيانات:

تبنى قواميس البيانات من دراسة وتحليل تدفقات البيانات التي تظهر في نماذج تدفق البيانات ومن فحص وتقييم نماذج جمع البيانات والخاصة بكل مفردة من مفردات القاموس وتستخدم قواميس البيانات عدة رموز:

= مكافئ

+ و

[1] أو

{ } تتراوح من إلى

( ) العملية

لــو افترضـنا أن محلـل الـنظم انتهـى مـن إعـداد نمـوذج أو مخطط تـدفق البيانات لحساب المدفوعات الذي يتكون من مجموعة من الكينونات أهمها الملـف الرئيسي للبائع والذي يضم بيانات عن كل أولئك الـذين تشـتري مـنهم المنظمـة مـا تحتاجه من منتجات وخدمات وبالتالي يكون ملف البائعين في قاموس البيانات كمـا يلي:

ملف البائع=

اسم البائع

عنوان البائع

رقم هاتف البائع

نوع تجارة البائع

طريقة بيع البائع

- ملاحظة: أي تفصيل الملف الفرعي مثلاً عنوان البائع أو السلعة التي يبيعها أو طريقة البيع.

المنطقة

الشارع

خامساً: الأشكال التركيبية "مخططات Hipo" ظهرت أشكال الـ Hipo لأول مرة في شركة الـ IBM لدعم وتوثيق عملية تحليل النظم ولتزويد المبرمجين بأدوات برمجية تركيبية للتعامل مع الأنظمة ويتكون كل شكل من أشكال الـ Hipo مما يلي:

1. جدول المحتويات المرئي VTOC (Visual Tabel of Contens)

2. مـدخلات عمليـات مخرجـات: وهـو الشـكل المختصر- ويسـمى بالــ IPO المختصر.
3. مدخلات عمليات ومخرجات: وهو الشكل المفضَل ويسمى بالـ IPO المفضّل.

وهذه الأشكال التكاملية تفيـد في تعريـف الإجـراءات والعمليـات المختلفـة وتوثيقها لكل وحدة تركيبية من وحدات النظام كما تفيـد هـذه الخـرائط في توثيـق البرامج ومساعدة المبرمجين في العودة إلى البرنامج ومراجعته في أي وقت وتمتاز هـذه الخرائط بالطبيعة التكاملية التي تساعد محلل النظم ومصمم النظم والمـبرمج سـواء في تحليل وتصميم المهام والوظائف أو كأدوات منهجية لتحليل وتصميم النظام.

كما ترتبط أشكال الـ Hipo بخـرائط الـبرامج والـنظم وبـذلك تعتـبر أداة لا غنى عنها لتوضيح الكيفية التي يعمل بها البرنامج أو الناظم.

● مثال:

ارسـمي مخططـات الـ Hipo لتقـارير ومراجعـات المخـزون حيـث تقسـم العملية إلى قسمين هما عمليات التقارير وعمليـات مراجعـة المخزون "الجـرد" مـع العلم بأن عمليـات التقـارير تحتـوي عـلى تقـارير دوريـة وتقـارير يوميـة وتنقسـم عمليات الجرد إلى تعديل الملفات توثيق الإدخال والعمليات الجارية .

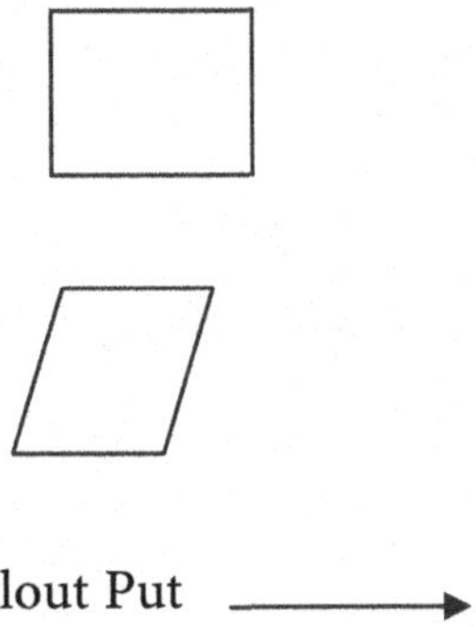

Prosses

Inlout Put   ⟶

Data Flow

الحل:

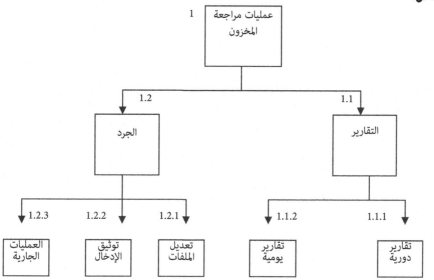

جدول المحتويات المرئي VTOC

عملية رقم 1.1 اعداد التقارير مفصل:

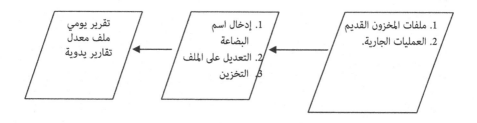

شكل IPO المختصر

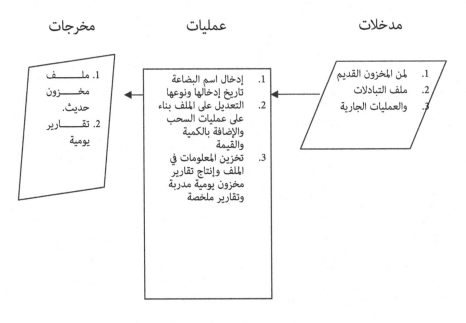

مخرجات	عمليات	مدخلات

شكل IPO المفصل

سادساً: خرائط الهيكل:

تعتبر خريطة الهيكل أداة بيانية تسمح لمحلل النظم بتقسيم العمليات الرئيسية للنظام إلى عمليات فرعية أصغر والعمليات الفرعية إلى أنشطة ومهام فرعية أخرى تتشعب من العمليات الفرعية وبذلك بدلاً من أن تركز خرائط الهيكل على مسار حركة البيانات تركز على العمليات نفسها وتتبع خريطة الهيكل مدخل التنظيم الهيكلي الذي

يبدأ من الناظم الكلي الشامل وينقسم بعد ذلك إلى نظم فرعية وظيفية ونظراً لطبيعة خريطة الهيكل في تدفقها من أعلى إلى أسفل فإن المستوى الأعلى للخريطة يحمل اسم النظام في حين تأخذ العمليات الفرعية مستوياتها التفصيلية ويطلق على كل نظام فرعي وحدة تركيبية وفي نفس الوقت تجزء الوحدة التركيبية إلى وحدات تركيبية فرعية أصغر ومن الممكن الاستمرار بتقسيم الوحدات إلى مهام وواجبات أصغر على أن يقوم محلل النظم بتحديد رقم لكل مستوى تقع فيه الوحدات التركيبية حيث يأخذ الناظم الكلي مستوى الصفر وتأخذ الوحدات التركيبية الأخرى الأرقام المتتالية والتي تحدد بصورة متفردة لكل وحدة ومن المهم أم يقرر محلل النظم إذا كان من الضروري تفكيك الوحدات إلى مكونات أصغر حسب المهام الفرعية كون هذا العمل مهم في إعداد البرامج اللازمة لتنفيذ المهام المطلوبة من نظام المعلومات وبالتالي ترى أن خرائط الهيكل تفيد في تكوين صورة حركية للنظام وتساعد في عملية توثيق النظام وتمتاز بسهولة الإعداد والتحديث.

شكل خرائط الهيكل

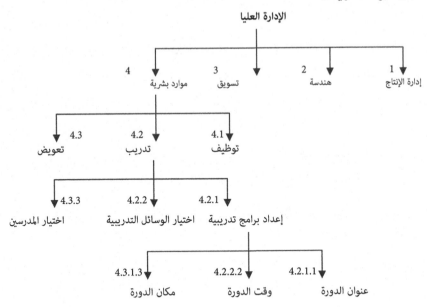

2. خرائط النظام:

تستخدم التوثيق مراحل المعالجة التي تنفذ داخل نظام المعلومـات وتظهـر الخرائط نتيجة تدفقات البيانـات والملفـات المسـتخدمة في كـل مرحلـة مـن مراحـل المعالجة والعلاقات المنطقية التتابعية بين مراحل المعالجـة وتختلـف خـرائط النظام عن خرائط تـدفق البيانـات في أنهـا تركـز اهتمامهـا علـى متابعـة الأحـداث الخاصـة بالمعالجة والاستخدام المادي لها بينما تهتم أشكال تدفق البيانات بالتمثيـل المنطقـي المجرد للنظام ولا

تشير إلى الصفات المادية ولا إلى توثيق إجراءات المعالجـة وبالتـالي تفيـد في تكوين صورة مرئية للنظام وتساعد في عمليـة توثيقـه وهـي تمتـاز بسـهولة الإعـداد والتحليل.

3. خرائط N-S : Nassi-Shniederman

تعتبر خرائط NS من أكثر المـداخل الهيكليـة والتركيبيـة وهـي مشـتقة مـن البرمجة الهيكلية وتستخدم عدد محـدود مـن الرمـوز وبالتـالي لا يتطلـب تصـميمها مساحة واسعة من الصفحات ويمكن قراءتها بسهولة كونها تسـتخدم رمـوز مختلفـة عبر خرائط الهيكل الأخرى.

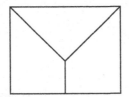

يشير إلى عملية اتخاذ قرار

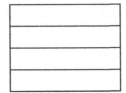

يشير إلى عملية

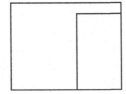

يشير إلى التبديلات التي تحدث

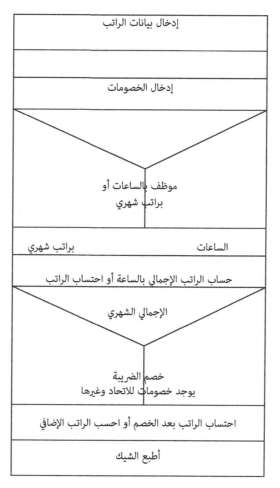

إدخال بيانات الراتب
إدخال الخصومات
موظف بالساعات أو
براتب شهري
الساعات
براتب شهري
حساب الراتب الإجمالي بالساعة أو احتساب الراتب
الإجمالي الشهري
خصم الضريبة
يوجد خصومات للاتحاد وغيرها
احتساب الراتب بعد الخصم أو احسب الراتب الإضافي
أطبع الشيك

شكل خرائط NS

4. مخططات Warnier Orr:

سمي هذا الشكل باسم مصممه Warnier Orr حيث يقوم محلل ومصمم
النظم باستخدام هذا المخطط في تصميم الأنظمة ووحداتها التركيبية ومخططات
WO تشبه خرائط الـ Hipo وخرائط NS من حيث تدفقها الهرمي من أعلى إلى
أسفل وتبنيها للتكتيك البرمجة الهيكلية وتستخدم أشكال WO لتعمل على تصوير
عمليات البرمجة بصورة أقل من أشكال Hipo و NS كما تحوي كغيرها من الخرائط
على عدة أشكال تمثلها تشبه إلى حد ما أشكال خرائط الـ Hipo .

سابعاً: الترميز الكاذب Bseudo Code:

وهي عبارة عن جمل إنشائية موجزة ومكثفة توضح الخطوات المطلوب
تنفيذها بوصف دقيق ومحدد وتسمى أيضا بالشيفرة والبرمجة الكاذبة حيث يتم
وضع مواصفات أية عملية معالجة لبرنامج ما من برامج النظام بلغة دقيقة توضح
الخطوات بصورة حركية ومن هذه

الشـيفرة تكـون كتابـة البرنـامج بأنـه لغـة سـهلة ومفهومـة وتقـع الشـيفرة الكاذبة بين الإنجليزية الهيكلية والبرامج الفعلية.

وهي عبارة عن بنية لغوية فعلية تصف البرامج دون كتابتها وبالتالي تكون شبيهة إلى حد ما بالبرنامج نفسـه لاسـتخدامها المصـطلحات الرئيسـية للغـة البرمجـة وباختصار لغـة الترميـز الكـاذب هـي تقريبـا برنـامج يطلـق عليـه اسـم Program Skeleton .

● مثال:

خطوات تحضير سجل فاتورة باستخدام الترميز الكاذب.

الحل:

اقرأ الحساب، سجل الاسم، سجل رقم الحساب والرصـيد والتكلفـة، احسـب سعر البضاعة.

السعر = التكلفة × الربح

إذاً احسب الربح الصافي

أضف الزيادة الدورية على الحساب.

اطبع الفاتورة، توقف.

ثامناً: جداول القرارات:

تستخدم جداول القرارات لوصف المتغيرات والعوامل المؤثرة والتـي يخضـع لها القرار الإداري وجدول القرار هو بنية مترابطة من الصفوف والأعمدة حيث تمثـل الصفوف الشروط ونتائج الأعمال وتمثـل الأعمـدة قواعـد القرار المختلفـة ويتكـون جدول القرار من أربعة خلايا رئيسية:

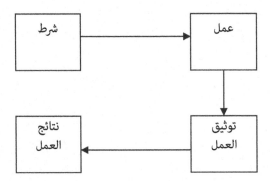

تأتي الشروط على شكل اسئلة في المصفوفة وتكون الإجابة عليها بنعم أو لا:

المميزات: وتتميز جداول القرارات بكونها:

1.   وسيلة لتوضيح وإيجاز الحالات المختلفة.

2.   وسهولة إعدادها وتصميمها.

3.   كما تساعد على تبسيط وتحليل الخالات المعقدة بسرعة واضحة.

مثال:

	الشروط	الإجابات							
تدوين نتائج الشروط	هل هو مطابق للمواصفات	نعم	نعم	نعم	لا	لا	لا	نعم	لا
	هل اجتاز الامتحان الميكانيكي	نعم	لا	لا	نعم	نعم	لا	نعم	لا
	هل اجتاز الامتحان الكهربائي	نعم	نعم	لا	نعم	لا	لا	لا	نعم

تدوين نتائج الأعمال	قبول الجهاز	×							
	تصليح الجهاز		×		×			×	
	رفض الجهاز			×		×	×		×

● ملاحظات:

في حال نفي الشرط الأول يتم نفي الشروط التالية وإن تـم الإجابـة علـيهم بالقبول.

وتبسيط جدول القرارات يتم استخدام مصطلح else ليشـير إلى الشـروط المنفية.

تاسعاً: شجرة القرارات:

تستخدم شـجرة القـرارات لحـل المشـكلات المعقـدة ذات القيـم الاحتماليـة والتي تحتوي على عدد كبير من البدائل والحالات الطبيعية وهي عبارة عـن تصوير مرئي للعناصر والعلاقات والتي تتكون منها مشكلة القرار حيث يتم ترتيـب العنـاصر الأساسية للمشكلة بنقاط القرار أو ما يسمى بالعقد وتأخذ شـكل أو رمـز □ ويـتم رسم فروع لتمثيل العلاقة بين نقاط القرار وعقد أو نقاط الحـالات الطبيعيـة والتي تأخذ رمز O.

وفي الخطوة الأخيرة من رسم شجرة القرار يتم تحديد قيمة لكل بديل وتحديد عائد محتمل نتيجة اتخاذ القرار وتأتي القيمة المتوقعة من حاصل ضرب كل عائد بالاحتمالية ثم جمعها لتحديد العائد الإجمالي.

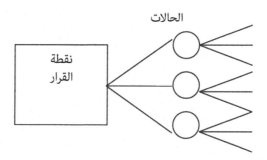

● **مثال:**

ارسم شجرة القرار لاختيار برنامج تطوير نظام المعلومات عن طريق تقييم قاعدة البيانات إذا علمت أن هناك ثلاث قواعد وكل قاعدة لها فروع تمثل العمليات والشروط مع تخمين احتمالات كل فائدة.

الحل:

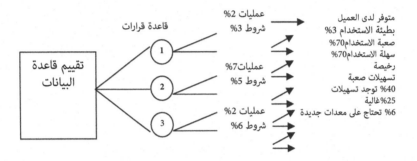

● **مثال:**

ارسمي شجرة القرار لبرنامج تطوير الموظفين عن طريق تقييم كفاءة الوسائل التدريبية المستخدمة في برامج التطوير والتي تحتوي على ثلاث وسائل علماً بأن كل وسيلة لها مجموعة من الظروف "العمليات" والشروط حيث أن عمليات الوسيلة الأولى احتمالها 2-

وشروطها 3- و وتم تخمين قيمة كل من عملية وشرط حسب الحالات الطبيعية أو ظروف عدم التأكد المحيطة بالقرار.

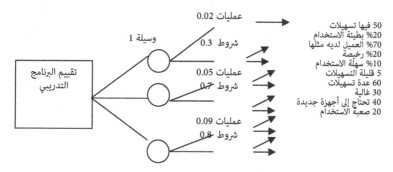

عائد عمليات الوسيلة التدريبية (1)

= 50 × 2%

عائد شروط الوسيلة التدريبية (1)

(70+20) × 3%

عائد شروط الوسيلة التدريبية (2)

= 50 × 7%

سؤال:

ارسمي خريطة الهيكل لعملية طبع التقارير لحساب البائعين حيث تحتوي العمليات قائمة بأرقام البائعين ، أسماء البائعين، ملف البضائع، مراقبة التسجيل، تقرير تحليل البيع، وتوزيع للجهات المعنية مع العلم أن القائمة بأسماء البائعين تشمل قائمة بأسماء البائعين الجدد وقائمة بأسماء البائعين القدامى علماً بأن أسماء البائعين الجدد يحوي قوائم بأسماء البائعين وأرقامهم وسجل بنوع البضائع التي يوفروها حيث يحتوي سجل البضائع على قوائم بصنفها، اسمها، ورقم سجلها.

طبع تقارير لحساب البائعين:

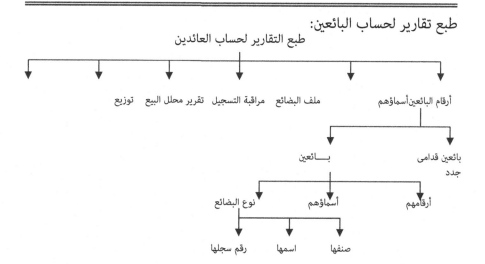

شكل خريطة الهيكل

الوحدة الخامسة

طرق تحليل وتصميم
نظم المعلومات الإدارية

طرق تحليل وتصميم نظم المعلومات الإدارية

1. النمذجة واستخدامها في التحليل والتصميم.
2. الاعتمادية: المفهوم، المزايا، العيوب.
3. حزم البرمجيات الجاهزة ودورها في نظم المعلومات.

استخدم النمذجة في تحليل وتصميم وتطوير نظم المعلومات الإدارية:

أولاً:

مفهوم النمذجة: تفيد النمذجة في تكوين صورة أولية عن النظام النهائي وتستخدم كمنهجية لبناء وتطوير نظم المعلومات حيث يتم إعداد بيان الاحتياجات الأساسية للمستفيدين ويتم تعديل هذا البيان وتطويره كلما دعت الحاجة إلى ذلك.

والميزة الجوهرية للنمذجة أنها تنتج الفرصة لاشتراك المستفيد بصورة فعالة في تحديد احتياجاته وفي عملية تطوير وتصميم نظام المعلومات الإداري.

ثانياً:

مبررات ظهور النمذجة:

تقدم النمذجة حلول للمشاكل التي تظهر عند استخدام المداخل التقليدية وهذه المبررات تعتبر عيوب المداخل التقليدية وهي:

1. عندما لا يستطيع المستفيد تحديد احتياجاته قبل استخدام النظام نفسه.
2. الوصف السردي وتقنيات تشكيل وتطوير النظم كخرائط تدفق النظم وغيرها من التقنيات لا تستطيع التعطي مع الطابع الديناميكي لنظم المعلومات.
3. المشكلات الإنسانية الصعبة في الاتصال وبناء العلاقات خاصة عندما يكون فريق التطوير كبير ومتنوع.
4. طول الوقت المخصص لتطوير النظم بناءاً على مداخل التطوير التقليدي.

5. تركيز المداخل التقليدية على أنشطة التوثيق إلى حد المبالغة وعلى حساب حل مشكلات الاتصال.
6. التكاليف الباهظة المترتبة على تطوير وبناء نظم المعلومات من خلال استخدام مداخل منهجية تقليدية.

ثالثاً:

النمذجة ولغات الجيل الرابع:

لم تظهر النمذجة إلاّ في منتصف الثمانينات مع ظهور عدة مؤثرات منها:

1. ظهور وتطور أجهزة الحاسوب الشخصية PCS.
2. ظهور لغات الجيل الرابع.
3. الحوسبة من خلال المستفيد النهائي.

والأداة الأكثر قوة في تأثيرها على النمذجة هي لغات الجيل الرابع والتي تمتاز بعدة فوائد فهي:

فوائد لغات الجيل الرابع:

1. تقلل الجهود البرمجية المطلوبة لتنفيذ وإدارة النظام بسرعة تبلغ عشرة أضعاف الوقت المستخدم في لغات الجيل الثالث.

2. كما إن لغات الجيل الرابع تستلزم تعليمات أقل وجهود أقل.

3. كما تساعد بعد التشغيل بالقيام بأعمال الصيانة والمراقبة.

4. كما لا تحتاج لغات الجيل الرابع إلى أنشطة تدريبية سوى البسيط منها وبالتالي نفقاتها محددة في هذا المجال.

5. وتساعد لغات الجيل الرابع محلل النظم والمبرمج والمستفيد في تطوير النظام بطريقة صحيحة منذ الخطوة الأولى وبالتالي تختصر في الوقت والجهد والعمل اليدوي المرهق.

6. إضافة إلى اختصارها في الجهود البرمجية المبذولة لإعداد برامج المعالجة وبالتالي هي سهلة التعلم وموجهة نحو المستفيد .

7. كما أنها غير إجرائية حيث لا يحتاج المستفيد أكثر من تحديد ماذا يريد أن يفعل ويترك الأمر لبرنامج اللغة أي تقوم لغات الجيل

الرابع بتوفير وتحسين نوعي في انتاجية البرامج قياساً بلغات الجيل الثالث.

8. كما أنها مفيدة للتطبيقات الخاصة بنظم المعلومات المطلوب تطويرها بسرعة قدر الإمكان بشرط أن لا تكون هذه النظم الخبيرة وتتطلب نظاماً ضخماً لمعالجة الحدث.

رابعاً: النمذجة بين لغات الجيل الرابع وأدوات الـ Case:

فوائد أدوات الكيس:

تفيد أدوات الـ Case في:

1. دعم أجزاء صغيرة من تطوير أو بناء نظم المعلومات.
2. كما تساعد في اختيار النظام وهذا الدعم يعتبر تحسين مدهش للطرق القديمة التي كان يقوم بها المبرمج ومحلل النظم كمهام فحص واختيار البيانات يدوياً حيث كان الأمر يتطلب شهوراً وخاصة إذا كان المشروع كبير الحجم.

3. كما تساعد أدوات الـ Case أنشطة وعمليات إدارة المشروع وذلك من خلال ما تقدمه من جدولة وحوسبة بالواجبات والأنشطة المطلوب إنجازها والتحليلات والتخمينات الضرورية حسب معايير التكلفة والوقت وفي جميع الأحوال فإن الذي يجمع ما بين لغات الجيل الرابع وأدوات الـ Case هو تكاملها وصداقتها للمستفيد النهائي وإمكانية التدريب عليها والتعلم منها ومع ذلك أحياناً تعتبر أدوات الـ Case معقدة وتحتاج إلى تدريب مكثّف.

والفائدة الحقيقية التي تقدمها حزم أدوات الـ Case:

1. هو قدرتها على تقديم فهم وعمل جاهز في مجال البرمجة.
2. قاعدة البيانات.
3. تصميم واجهات الاستخدام.
4. الأمن والحماية.
5. الرقابة وإدارة المشروع للنظم الكبيرة والمعقدة في حين لا تستطيع لغات الجيل الرابع تقديم المساعدة المطلوبة في كل مراحل تطوير

وبناء النظم لأن الدعم الحقيقي للغات الجيل الرابع يتمثل في مرحلة التطبيق على عكس أدوات الـ Case التي تساعد في كل مراحل دورة التطوير.

خامساً: مداخل النمذجة:

للنمذجة مدخلين رئيسين هما:

1. المدخل النهائي Iterative approacfh .
2. المدخل الوسيط Throwa way approach.

المتصل النهائي في المدخل الأول يستخدم موديل النمذجة كنظام نهائي بعد تنفيذ سلسلة من التغيرات المتواصلة بناءً على الاحتياجات المستفيدين وتتكون دورة حياة النمذجة هنا من عدة مراحل أهمها:

1. تحديد الاحتياجات.
2. التدريب.
3. تخطيط المشروع.

4. تحليل النظم.

5. تصميم قاعدة البيانات.

6. تعديل وتطوير النموذج.

ويكون شكل خريطة تدفق المدخل النهائي أو المدخل التطوري للنمذجة كما يلي:

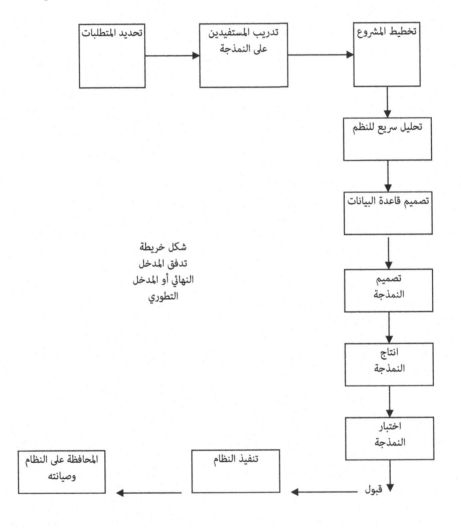

شكل خريطة تدفق المدخل النهائي أو المدخل التطوري

المدخل الوسيط:

أما في المدخل الثاني فتستخدم لغات الجيل الرابع كموديل نهائي للنظام وبطبيعة الحال تمارس في هذا المدخل أنشطة التحليل والتصميم والبرمجة واختيار تعديل حاجات المستفيدين حتى يتم تلبية كل هذه الاحتياجات بصورة كاملة بحيث يكون شكل النمذجة حسب مدخل الوسيط كما يلي:

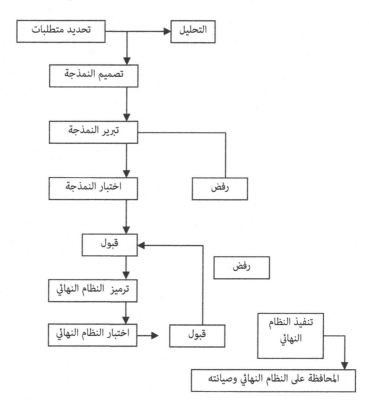

شكل النمذجة حسب مدخل الوسيط:

وبغض النظر عن المدخل أو التكتيك المستخدم في تخطيط وتنفيذ النمذجة فإن لهذه العملية ثلاث مستويات رئيسية هي:

1. مستوى نمذجة المخرجات والمدخلات:

حيث يقوم هنا محلل النظم بتحديد احتياجات المستفيدين وتصميم المخرجات من تقارير المعلومات وغيرها من المدخلات التي يجري تعيينها وتحديد مصادرها ويهتم المحلل أيضا بتخطيط واجهة المستفيد النهائي للنظام وتصميم التقارير المطلوبة بأنواعها المختلفة.

2. مستوى النمذجة للإستكشاف:

يمثل هذا المستوى خطوة جوهرية أكثر تفصيلاً في تصميم النظام وتتضمن تحديد كل الوظائف المهمة المطلوب تنفيذها والتي لها علاقة بقاعدة البيانات وبرنامج إدارتها أي بمعنى وظائف جمع وتحليل

البيانات في القاعدة، معالجة البيانات، تخزينها، تحديد نوع ومصدر المعلومات المطلوبة، وتحديد كل أنشطة التحديث المهمة في هذا المجال.

3. مستوى النمذجة التحديثية:

وهو المستوى الثالث الذي يحتوي على النموذج العملي أي النسخة الأولية أو النهائية لنظام المعلومات بمعنى وضع نموذج تجريبي لنظام المعلومات يعمل بصورة تجريبية للكشف عن كفاءة وقدرة النظام على تلبية احتياجات المستفيدين .

سادساً: مزايا وعيوب النمذجة:

تعتبر النمذجة منهجية وتكتيك مفيد في تطوير وتصميم نظم المعلومات وبالأخص عند وجود عدم تأكد في تحديد الاحتياجات الدقيقة للمستفيدين أو عند المفاضلة بين الحلول المقترحة للتصميم وبالإضافة إلى ما تقدم للنمذجة مزايا وفوائد أخرى منها:

1. تقدم فرص واضحة في تصميم وبناء نظم المعلومات بسرعة عالية مع مرونة واقتصاد في التكلفة.

2. من خلال النمذجة تستطيع استخدام لغات الجيل الرابع والحاسوب الشخصي إضافة إلى إمكانية الاستفادة من البرمجيات التطبيقية في بيئة الحاسوب الشخصي.

3. طريقة النمذجة بعيدة عن التعقيد ولا تحتاج إلى عمل يدوي روتيني ضخم مقارنة بالطرق الأخرى وبالتالي تجعل النظم أكثر بساطة وأكثر سهولة في الاستخدام من قبل المستفيد النهائي.

4. لا يحتاج لجهد تحليلي وبرمجي إلاّ القليل منه مقارنة بالمداخل الأخرى وذلك لأن التغيرات المطلوبة والتعديلات المقترحة ستكون قليلة عند تشغيل النظام ويتم عملها من قبل المستفيد النهائي.

5. تشجع النمذجة المستفد النهائي على تولي زمام الأمور والمباشرة بتحسين نظام المعلومات.

6. النمذجة هي منهجية تساعد على قطع التكاليف الإجمالية.

أما بالنسبة لعيوب النمذجة:

1. إذا كانت النمذجة بأسلوب المدخل البسيط فمن المحتمل أن لا يكون النظام المطوّل مشابه النموذج الذي يتم انتاجه عن طريق النمذجة بمعنى أن المستفيد يجد نظام غير ذلك الذي تم أثناء عملية النمذجة.

2. لا تفيد النمذجة لمنهجية وطريقة تقنية في تصميم وتطوير نظم المعلومات الكبيرة والمعقدة.

تبقى طريقة النمذجة بديل مهم وتكتيك مفيد يمكن استخدامه في تطوير تصميم مشروعات نظم المعلومات المحددة وفي تطوير بعض النظم أو الأنشطة الرئيسية ضمن مراحل دورة تطوير النظم.

ثانياً: الاعتمادية:

أولاً: مفهوم الاعتمادية:

عندما لا ترغب منظمة استخدام مواردها الذاتية وتطوير نظم معلومات محوسبة فهي تقوم بتكليف شركة متخصصة من الخارج للقيام بهذه المهمة بمعنى أن الاعتمادية هي تلك العملية التي تتضمن شراء نظم معلومات محوسبة، شبكات اتصالات، بيانات وتكنولوجيا معلومات وتسهيلات ذات علاقة بتطوير المعلومات أو تطوير تطبيقات وبرامج معينة من بائع أو شركة تسويق أو منتج أو بيت خبرة عالمي في مجال تكنولوجيا المعلومات ويتولى البائع إدارة وتشكيل وتشغيل نظم المعلومات للمنظمة المستفيدة وهذا يشمل كل أنشطة تحليل النظم وتصميمها، البرمجة، التحويل، الاختيار، التشغيل والتصميم وغيرها من الأنشطة.

ثانياً: مبررات الاعتمادية:

1. ظهرت الاعتمادية مع تطور نظم المعلومات وباتساع تأثيرها مع زيادة التغيير والتعقيد في تكنولوجيا المعلومات.

2. تزايد حصة تكنولوجيا المعلومات من إجمالي النفقات الرأسمالية والشركات الكبرى.

3. قلة الموارد والخبرات التقنية والتشغيلية وغياب القدرات والمهارات المعرفية والفنية والتنظيمية لدى المنظمات.

4. كما أن الاعتمادية أقل كلفة على المنظمة وتقلل لديها احتمالات المخاطرة وعدم التأكد.

ثالثاً: مزايا وعيوب الاعتمادية:

1. الاقتصاد: إن لبيوت الخبرة المعلوماتية معرف وخبرات تقنية عالية في تقديم الخدمة المعلوماتية وصناعة المعرفة والمعلومات وهنا تستفيد المنظمات من هذه البيوت من خلال ميزة اقتصاديات

الحجم والتخصصي والخبرة والمهارة في تقديم الخدمة بجودة شاملة وغير مسبوقة وبأسعار منافسة إلى حد ما.

2. نوعية الخدمة المعلوماتية: حيث تقدم بيوت الخبرة المعلوماتية تكنولوجيا غير مسبوقة وخدمة تسويقية عالية وسعر منافس للبقاء في السوق والمنافسة بكفاءة وفعالية.

3. الموثوقية: يحقق أسلوب الاعتمادية الموثوقية من خلال إبرام عقد شراء لنظم المعلومات المحوسبة أو أي نوع من أنواع تكنولوجيا المعلومات لفترة محددة أو بسعر ثابت وبالتزامات واضحة من قبل الطرفين بحيث يصعب جداً تغيير العقد أو فقدانه أو التهرب من تنفيذ بعض بنوده ومن هنا يمتاز عقد الاعتمادية بموثوقية عالية.

4. المرونة: توفر الاعتمادية مرونة في تطوير نظم المعلومات وذلك كون أن نظم المعلومات المحوسبة تنمو وتتسع بصورة تلقائية دون تغيير في البنية التحتية لنظم المعلومات مما يصبح من الضروري تحديث وتطوير هذه البنية وتوفير المرونة عن طريق الشراء من بيوت الخبرة العالمية.

- **عيوب الاعتمادية:**

1. ضياع فرصة الاعتماد على الذات.
2. فقدان السيطرة حيث عندما تقوم المنظمة بتفويض مسؤولية تطوير وتشغيل نظام المعلومات إلى جهة خارجية فمن المحتمل أن تفقد السيطرة على وظيفة نظم الملعومات وما تحتويه من نظم فرعية للرقابة والحماية والسيطرة النوعية وبالتالي يكون موقع البائع ومالك التكنولوجيا أكثر قدرة على المنافسة في المنظمة المستفيدة.
3. فقدان الأسرار بحيث قد تتسرب الأسرار الاقتصادية والتجارية والتقنية إلى المنافسين بسبب الاعتماد على جهة خارجية في تطوير نظم المعلومات المحوسبة خاصة إذا كانت هذه النظم موجهة لتحقيق الميزة التنافسية.

ثالثاً: تطوير نظم المعلومات مع حزم البرمجيات الجاهزة:

تساعد هذه الحزم في تسهيل واختصار أنشطة تحليل وتصميم وتشغيل واختيار النظام كما تساعد في تحقيق درجة من القبول والثقة لدى المستفيدين من نظام المعلومات المحوسبة حيث يتم هنا إعداد الهياكل والملفات وتنظيم وتخطيط التقارير وإعداد قواعد البيانات ونظم إدارتها من خلال شراءها جاهزة بحزم متكاملة من قبل منتج أو مسوّق ناشط في هذا المجال.

معظم أنشطة التصميم وما تتضمنه من توصيف للنظم الفرعية المعقدة والمتنوعة يمكن أن تكون جاهزة وذلك بسبب الموثوقية والجودة التقنية العالية التي تتميز بها نتيجة الفحص والاختيار المكثّف لقياس كفاءتها والتي تجري باستمرار عن طريق تطبيق مفهوم إدارة الجودة الشاملة لذلك لا توفر لنا حزم البرامج الوقت والسرعة فقط وإنما توفر التكاليف حيث تقطع من التكاليف الكلية المترتبة على عملية تحليل

وتصميم النظم والمهم في برامج التطبيقات الجاهزة هو تعلم كيفية استخدامها والاستفادة القصوى من كفاءتها التشغيلية.

ومن ناحية أخرى توجد عيوب مهمة ترافق أسلوب الحزم الجاهزة ومن هذه العيوب:

1. إنها لا تشمل كل الوظائف المطلوب تنفيذها مما يتطلب إجراء تعديلات أو تطويرات عليها حتى تكون مقبولة.
2. أن عملية إجراء التعديلات صعبة من الناحية التقنية كونها تتطلب تغيير الترميز البرامجي الحالي إضافة إلى تكلفتها العالية كما أن التعديل قد يؤدي إلى خفض الفوائد المتوقعة وهذه العيبوب لحزم البرامج الجاهزة تعود إلى كونها لم تحقق المستوى المستهدف من الجودة التقنية الشاملة.
3. لا تلبي حزم البرامج الاحتياجات اللازمة لاتخاذ القرارات الاستراتيجية.

- **المعايير النوعية المهمة المفاضلة بين حزم البرمجيات الجاهزة عند الشراء أو التأجير:**

1. الوظيفة: حيث يتم تحديد عدد ونوع الوظائف التي يقوم البرنامج بتنفيذها وهل ههي وظائف مهمة يمكن تعديلها وتحديثها وما هي التكاليف المترتبة عليها وهل تلبي الاحتياجات المستقبلية.

2. المرونة: أي إمكانية تغيير وتعديل بعض أو معظم مكونات الحزم بما ينسجم مع حاجات المستفيدين.

3. الصداقة للمستفيد النهائي: كلما كانت الحزم بسيطة مباشرة وسهلة التعلم والتدريب كلما ارتفع معيار الصداقة كونه لا يطلب من المستفيد النهائي مهارات عالية لاستخدام البرنامج.

4. العائد والتكلفة: بمعنى مقارنة الفائدة المتحققة من هذه البرامج مع إجمالي التكاليف المتطورة وغير المتطورة.

5. عتاد وبرمجيات النظام: عند شراء برامج التطبيقات الجاهزة يجب أن تكون هذه البرامج متكاملة مع الأجهزة ونظم التشغيل في المنظمة وبدون ذلك تصبح عديمة الفائدة وغير مملة.

● **عمليات مراقبة وتقييم تصاميم نظم المعلومات الإدارية:**

الرقابة: هي العملية الإدارية المستمرة والشاملة التي تستهدف السيطرة على العمليات المخططة والجارية في ظل معايير محددة للإنجاز والرقابة لها تأثيرها المباشر على كفاءة وفعالية أداء وعمل النظام كما تؤثر في حماية أمن وسلامة النظام

مفهوم الرقابة على نظم المعلومات الإدارية بأخذ ثلاث أبعاد رئيسية:

1. بعد يتصل بالمراقبة والمراجعة وتصحيح الأخطاء وكشف الانحرافات بصورة مستمرة كرفع كفاءة الأداء وتقليل التكاليف.

2. بعد يتصل بأمن وسلامة الأجهزة والبرامج وحماية النظام من الحوادث والكوارث كالحريق والسرقة وتدمير نظم البرامج وقواعد البيانات.

3. تحليل الفوائد إلى تكاليف الكلية للمنظمة أي مقارنة العائد بالتكاليف.

• الرقابة على عملية التخطيط الاستراتيجي:

الرقابة الاستراتيجية تعني عمليات السيطرة التنظيمية على أنشطة التخطيط الاستراتيجي للنظم بصورة كفؤة وفعالة وبما يضمن تحقيق الأهداف الاستراتيجية بدون هدر للموارد والقدرات المادية والتنظيمية وهذه الرقابة تسمى المدخل النقدي أو نظام التغذية الأمامية.

تهدف الرقابة الاستراتيجية السيطرة على خطة التصميم والتطبيق وتهيئة الفائدة للرقابة على مراحل دورة حياة التنظيم ويفيد هذا في سد الفجوة بين مرحلة التخطيط ومرحلة التطبيق حيث أن هناك فترة زمنية بين وضع الخطة والبدء في عمليات تحليل تصميم تنفيذ وتقسيم النظم وهذه الفترة قد تطول وتؤثر على دورة حياة النظام الجديد.

والرقابة الاستراتيجية أشبه بشاشة الرادار التي تنبئ بظهور متغيرات أو تهديدات أو أخطاء في أنشطة وعمليات تطوير وتطبيق النظم

وتكون الرقابة الاستراتيجية من اختصاص لجنة إدارية تشكل من الإدارة العليا تقوم بتنفيذ ما يلي:

1. تحديد الاحتياجات الجوهرية من المعلومات التي يجب أن يوفرها النظام بالتوعية والوقت والشكل المناسب.

2. تحديد المعايير الأساسية لقياس الأداء الكلي والزظيفي لنظم المعلومات الإدارية وهذه المعايير تتصف بالشمولية والدقة والموضوعية.

3. المراجعة الدورية لحاجات المستفيدين وتقييم أداء النظام ككل في ضوء نتائج هذه المراجعة وبعد قياس الأداء الفعلي للنظام.

4. تطوير تحسين النظام من خلال اكتشاف الأخطاء وتصحيحها وتكييف النظام للمتغيرات المهمة في بيئة المنظمة وبيئة الأعمال الخارجية وباختصار تهدف الرقابة الاستراتيجية إلى تحقيق الفعالية والكفاءة والأمن ومراجعة الجدوى الاقتصادية والتقنية والتشغيلية لهذا النظام باستمرار وطيلة دورة حياته.

● **أمن وسرية نظم المعلومات الإدارية MIS:**

وهي من الموضوعات المهمة ذات العلاقة بالرقابة على نظم المعلومات الإدارية وتعني أمن وسرية MIS كل السياسات والإجراءات والأدوات التقنية التي تستخدم لحماية النظام من كل أشكال الاستخدام غير الشرعي للموارد مثل:

1. السرقة.
2. التغيير والتعديل.
3. إلحاق الضرر بالمعلومات أو قواعد البيانات.
4. إلحاق الضرر المادي المتعمد بالأجهزة.

إضافة إلى التهديدات الأخرى:

1. الأخطاء الإنسانية.
2. الحوادث الطبيعية.
3. الكوارث.

حيث يطلق على معظم أشكال انتهاك حرمة وأمن MIS جرائم الكمبيوتر Computer Prime والتي تزداد بصفة مستمرة في مجال الأعمال مما يشكل تحدي خطير يواجه الإدارات العليا بشكل عام وإدارة نظم المعلومات على وجه الخصوص.

تزداد جرائم الكمبيوتر بصفة مستمرة في مجال الأعمال مما يشكل تحدي خطير يواجه الإدارات العليا والشكل التالي يوضح الأنواع الرئيسية لجرائم الكمبيوتر.

● **الرقابة التطبيقية على أنشطة MIS:**

تعني حزمة من الأنشطة الخاصة للسيطرة والحماية على نظم المعلومات الإدارية في المستويات التالية:

1. أمن وموثوقية أجهزة الكمبيوتر Hard ware.
2. أمن وموثوقية برامج الكمبيوتر Soft ware.
3. أمن وموثوقية ملفات البيانات.
4. صحة وكفاءة عمليات الكمبيوتر.

وتتألف الرقابة التطبيقية من الإجراءات المحوسبة واليدوية للتأكد من أن البيانات موضوع المعالجة لا تزال بيانات كاملة ودقيقة وموثوقة خلال دورة التشغيل.

ويوجد ثلاث أنواع من المراقبات التطبيقية:

1. المراقبة على المدخلات.
2. المراقبة على المعالجة.
3. المراقبة على المخرجات.

وتشمل الرقابة على المدخلات التأكد من دقة واكتمال البيانات أثناء المعالجة والتحديث والتشكيل.

أما مراقبة المخرجات فهي تعمل على ضمان جودة المخرجات من حيث الدقة والموثوقية والتوقيت والشكل المناسب.

ولا تشمل الرقابة التطبيقية على الأجهزة والبرامج والتشغيل ومراقبات تطوير الأنظمة وهي تهم بشكل أساسي بفحص الأخطاء والبيانات غير المكملة والغير الموثوقة وتستخدم تقنيات معينة للرقابة والسيطرة مثل

- Totals Control مراقبة المجموع.
- Athorasation Checks دلالة قانونية.

وتركز الرقابة التطبيقية على عنصر الاكتشاف المبكر للأخطاء المقصودة أو العادية لتمكين الكادر التقني والإداري من معالجة وتصحيح الخلل أولاً بأول أو التقليل منه إلى الحد الأدنى وحتى يتم تحقيق هذا الهدف لابد من تحديد أساليب تقنية للرقابة والسيطرة على النظام ككل من أجل حمايته أمنياً ووضع وسائل رقابة وظيفية مع كل أنشطة المعالجة التطبيقية وتوفير الحماية اللازمة لها.

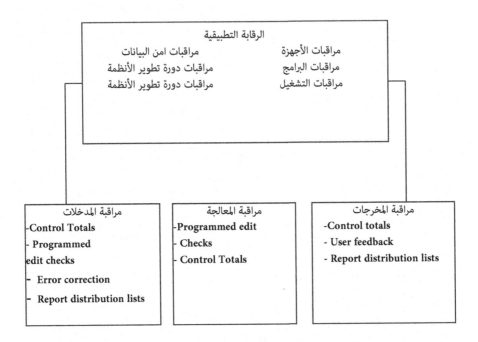

● إجراءات رقابة وأمن قواعد البيانات:

إن الموارد الموجودة في قاعدة البيانات من بيانات ومعلومات أثمن ما تملكه نظم المعلومات الإدارية وبالتالي من الواجب حمايتها والمحافظة عليها وحتى يتم ذلك لابد من تحديد المستخدم الشرعي لقاعدة البيانات وحدود الصلاحيات المسموحة له حيث يتم وضع مستويات متعددة للحماية والمرور إذا كانت طبيعة المعلومات والموارد سرية كما لابد من وضع نظام كفئ يسمح بعمل نسخ احتياطية لقاعدة البيانات أو لبعض الملفات خوفاً من تعرضها للتدمير.

المراجع:

باللغة العربية:

1. تحليل وتصميم نظم المعلومات، سعد غالب ياسين / دار المناهج – عمان – 2000

2. سليم إبراهيم الحسنية، نظم المعلومات الإدارية، عمان، مؤسسة الوراق للنشر والتوزيع، 1998.

3. رايموند مكليود، نظم المعلومات الإدارية، تعريب ومراجعة سرور علي وعاصم احمد، الرياض: دار المريخ للنشر، 1990.

4. سعد غالب ياسين، نظم المعلومات الإدارية، عمان: دار اليازوري للنشر والتوزيع، عمان 1998.

5. محمد نور برهان وغازي إبراهيم، نظم المعلومات المحوسبة، عمان: دار المناهج، 1998.

6. زياد القاضي، مسعود نصرو، "تحليل وتصميم نظم المعلومات المحوسبة، عمان: دار المستقبل للنشر والتوزيع، 1998.

7. عبد الفتاح عارف وعماد محمد، "شبكات الحاسوب والانترنت"، عمان: دار المناهج، 1994..

المراجع باللغة الانجليزية:

- Fundamentals of system analysis using structural analysis dessign techniques JOHNWILEY & Jerry Fitzgerald, Andrea Fitzgerald

المحتويات